発問で見る

数学的な

加固希支男
山本大貴
松瀬

JN021592

見方・考え方

を働かせる

実践編

明治図書

算数授業

序文
「数学的な見方・考え方」を働かせる子どもの姿を引き出す授業

　新しい学習指導要領では，子どもたちが各教科等の特質に応じた物事を捉える視点や考え方（見方・考え方）を働かせながら，目標に示す資質・能力を育てることが示されています。

　中央教育審議会答申では，算数・数学科における「数学的な見方・考え方」を「事象を数量や図形及びそれらの関係などに着目して捉え，論理的，統合的・発展的に考えること」として示しました。

　そして，これを受けて算数科の学習では「数学的な見方・考え方」について「事象を数量や図形及びそれらの関係などに着目して捉え，根拠を基に筋道を立てて考え，統合的・発展的に考えること」であるとしています。

　この「数学的な見方・考え方」を働かせることによって，子どもたちに生きて働く知識・技能を習得させたり，より広い領域や複雑な事象について思考・判断・表現できる力を育成したり，社会や世界にどのようにかかわるかという学びに向かう力を育成したりすることをねらっています。

　私たち現場教師は，このような学習指導要領の基本構造を捉えたうえで，いざ子どもの前に立ち，授業を創造します。

　しかしながら，「数学的な見方・考え方」を働かせる授業を具体化しようとすると，次のようなことが問題となります。

　「この授業で『数学的な見方・考え方』をどう捉えたらよいのか」「どのようにして，子どもが『数学的な見方・考え方』を働かせられるようにするのか」「『数学的な見方・考え方』を働かせて，どのような資質・能力を育てたらよいのか」といったことです。

　この教師の問いになるべくわかりやすく答えようとしたのが本書です。「数学的な見方・考え方」については，その意味を次のように分けて述べています。

数学的な見方　…問題を解くときの着眼点

数学的な考え方…論理をまとめたり，高めたりするための視点

　このシンプルでわかりやすい定義を示したうえで，各実践例において子どもに着目させたいこと（数学的な見方）と，考えさせること（数学的な考え方）を「KEYWORDS」として具体的に示しています。

　子どものどんな姿を引き出すのかを教師が明確に捉えることは，「数学的な見方・考え方」を働かせる授業づくりの基本となります。

　そして，それら「数学的な見方・考え方」を働かせるための方法として，教師の「発問」に焦点を当て，具体的な言葉による子どもとのやりとりを大切にしています。本書は，「数学的な見方・考え方」の言語化を1つの主張としています。子どもから言葉の形で「数学的な見方・考え方」を引き出すことで表舞台に上げ，その意味を捉えたり，まとめたり，高めたりする議論を行うのです。算数・数学は，言語教育という側面をもちます。筋道を立てて考えるには，言葉による説明が必要であるため，言語化を意識して授業を展開することは，「数学的な見方・考え方」を働かせる授業のポイントになります。

　最後に，資質・能力のことについても触れておきます。本書の各実践には，その授業でどのような力をつけるのかがしっかりと説明されています。箇条書きでねらいを示すのではなく，実践者の思いとともに子どもにつけたい資質・能力を語ることを大切にしています。新しい学習指導要領の趣旨から，資質・能力という形で，子どもに何をできるようにするのか，という目標を明らかにすることが求められています。本書の実践が，目の前の子どもの実態に応じて，そして，教材研究をした教師の視点を加味して，どのような資質・能力を述べているかにも注目していただきたいと思います。

　本書が，子どもの「数学的な見方・考え方」と向き合い，よりよい算数授業を目指そうとされる先生方に寄り添うものであることを願っています。

2020年6月

筑波大学附属小学校　盛山隆雄

もくじ
Contents

第1章
発問の視点から
「数学的な見方・考え方」
について考える

第**2**章
発問で見る
数学的な見方・考え方を働かせる
算数授業の実践事例

第1章
発問の視点から「数学的な見方・考え方」について考える

1 発問を通して「数学的な見方・考え方」を考える

　私たちは，2018年11月に『数学的な見方・考え方を働かせる算数授業』を盛山隆雄先生と共に上梓しました。そこでは，学習指導要領における「数学的な考え方」の歴史をひも解くとともに，2020年4月に完全実施された新しい学習指導要領における「数学的な見方・考え方」，すなわち**「事象を数量や図形及びそれらの関係などに着目して捉え，根拠を基に筋道を立てて考え，統合的・発展的に考える」**ことに焦点化し，発達段階に応じて授業の在り方を探りました。

　本書では，前著からさらに一歩踏み込み，「発問」という視点を通して，「数学的な見方・考え方」を働かせる算数授業のつくり方を探っていくことにしました。子どもにどのように問いかけることで，捉えてほしい数量や図形及びそれらの関係に着目させるのか，あるいは，筋道立った考えや統合的・発展的な考えを引き出すのか。本書の第2章では，そういったことを，ライブ感のある実践記録を通して提案しています。

2 「数学的な見方・考え方」とは何か

　ここで改めて，「数学的な見方・考え方」とは何か，ということについて考えてみたいと思います。上記の文言でいえば，数学的な見方が「事象を数量や図形及びそれらの関係などに着目して捉え」までの部分であり，数学的な考え方が「根拠を基に筋道を立てて考え，統合的・発展的に考える」という部分になります。

　この文言を，もう少しかみ砕き，我々は以下のように捉えました。

数学的な見方　…問題を解くときの着眼点
数学的な考え方…論理をまとめたり，高めたりするための視点

これは，前著『数学的な見方・考え方を働かせる算数授業』でも述べたものです。

算数の授業で，子どもたちは目の前の問題を解くことに一生懸命になります。そして，往々にして，答えが出たら満足してしまい，何に着目して捉え，どのように考えたか，といったことにはなかなか目が向きません。しかし，これからも算数を学び続けていく子どもたちにとって，1つの問題が解けたかどうかより，問題を解決する過程で使った見方や考え方を意識化することの方が重要であると言えます。

3 教師の果たすべき役割

上記のように，子どもだけではなかなか意識化できない，「数学的な見方・考え方」に目を向けさせることが教師の役割です。そのためには，子どもが「数学的な見方・考え方」を働かせることができるような発問を用意する必要があります。そこで本書では，「この授業では，これは問わなければならない」という発問を具体的な実践の中で紹介するとともに，その意図するところも解説しています。

このように，発問によって子どもが「数学的な見方・考え方」を働かせることができるようにしていくことは教師の重要な役割ですが，このことを地道に継続していくと，子どもたち自身が学習のつながりを意識し，その場面で働かせるべき「数学的な見方・考え方」を探るようになります。そのような子どもたちの姿を見逃さず，言葉や板書で価値づけることも，教師の重要な役割であると言えます。

4 4種類の主な発問

ここで，「数学的な見方・考え方」を働かせるための発問を，4つに分類してみます。

①着眼点を問う発問
②共通する大切な考え方を問う発問
③問題や考え方を発展させるための発問
④考えるべき課題を明確にする発問

　①が数学的な見方，②と③が数学的な考え方を働かせるための発問になり，その前提として④が必要になります。
　以下にそれぞれの発問の意図について述べていきます。

①着眼点を問う発問

　「どうしてそうしようと思ったの？」と発問し，「問題を解くときの着眼点」を言語化させます。そして，説明を聞いている子どもが「そういうところに目をつければいいんだ」と思えるようにするのです。
　p76から始まる「簡単な場合についての割合」の授業では，AとBのゴムをのばすと何㎝になるのかを考える場面で，子どもの解答に対し**「どうして○㎝になると思ったの？」**と問うています。この発問によって，差で考えているのか，倍で考えているのか，子どもの着眼点を浮き彫りにするのです。「○㎝になると思います」と答えさせるのではなく，何に着目して考えたのかを問うことで，子どもの着眼点が言語化されます。
　この他にも，p58から始まる「かけ算の筆算」の授業では，**「どうして，○○くんはこのように考えてみたのだろう？」**と問い，友だちの着眼点について考え，クラス全体で共有するという発問もしています。

②共通する大切な考え方を問う発問

　算数では，問題を解決する過程で使った考え方に共通することを見いだし，まとめていくことが非常に大切です。このように，共通することを見いだし，まとめていくことを「統合」と言います。
　p130から始まる「分数のかけ算」の授業では，導入で2×3と0.2×3の

計算を比較し，2つの計算は基準としている単位が違うだけで，同じ計算を使って答えを求めているということに気づかせています。そのうえで，$\frac{2}{7} \times$ 3の計算の仕方を考え，**「今日考えてきた計算で，共通していることはあるかな？」** と発問し，整数や小数だけでなく，もとにする単位が分数になっても同じように考えて計算ができることを押さえています。こうすることで，分数×整数の計算の仕方だけでなく，「かけ算をするときは，もとにする単位が大切なんだな」と意識させることができます。そうすると，将来のかけ算の学習においても，「もとにする単位は何かな？」という着眼点をもって問題に取り組むことができるのです。

　このように，問題解決後に統合することで着眼点が明確になります。そして，着眼点をもつと問題を解決することができるようになります。

③問題や考え方を発展させるための発問

　共通する大切な考え方を見いだしたら，「この考え方を使って，こういうこともできないかな？」と考えることも大切です。問題や考え方を「発展」させるということです。問題や考え方を発展させられるようになると，自分で新しい知識を生み出していくことができるようになります。これも，算数を学習する重要な目的の1つです。

　p22から始まる「大きな数」の授業では，数表を縦や横に見てきまりを見つける子どもが多い中，数表を斜めに見てきまりを見つける子どもが出てきます。まさに友だちの考え方を発展させた姿です。この数表を斜めに見るという見方を，発見した子どもに言わせるのではなく，**「今，〇〇くんたちは，新しいことに気がつきました。さっきは，縦と横に見たからと話していましたが，続きを想像できますか？」** と問うことで，友だちが発展的に考えたことを他の子どもたちに考えさせています。

　もちろん，子どもだけでは発展的に考えることができないことも多いので，そういうときは，「この考え方を使って，どんな問題が解けそうですか？」

「この問題の数値を変えてもできそうですか？」などと問いかけていくことが大切です。このような積み重ねが，発展的に考える子どもを育てることにつながるのです。

④考えるべき課題を明確にする発問

　①～③の発問をするためには，考えるべき課題を明確にする必要があります。なぜなら，「今，何を考えているのか」ということをみんなが把握できていなければ，「数学的な見方・考え方」を共有できないからです。

　p82から始まる「面積」の授業では，１マスの大きさが違う16マスの広さについて**「どちらも同じ16マスなのに，広さが違うのですか？」**と問い返します。こうして，１マスの大きさが違うとマスが同じ数でも広さが変わることに気づかせ，普遍単位の必要性に目を向けさせています。

　このように，全員が考えることをそろえることで，着眼点，共通する大切な考え方，問題や考え方を発展させるといった，解決方法以外の「数学的な見方・考え方」に意識を向けさせていくことができるのです。

5　言語化を意識する

　「数学的な見方・考え方」は，目に見えるものではありません。子どもがどのような着眼点をもち，どのように考えたのかは，言葉にしなければだれにもわからないのです。

　また，わかっているつもりの子どもも，感覚的にわかっているだけのことが多く，いざ言葉に表そうとすると，どのように言ってよいのかわからない，ということがよくあります。これでは，当然論理は積み上がっていきません。

　そこで，毎日の算数の授業において，自分の考え方や友だちの考え方を言葉にする機会を教師が意識的に設けることで，「数学的な見方・考え方」を顕在化し，だれもが使えるものにしていくことが大切です。

（加固希支男）

第2章
発問で見る
数学的な見方・考え方
を働かせる
算数授業の実践事例

いったん10に止まれば…

1 授業の概要

本時は，「繰り上がりのあるたし算」の学習の第１時です。

０～20までの数直線を使って，次のルールですごろくをします。

①０からスタートします。（自分の駒として消しゴムを置きます）
②サイコロの出た目の数だけ，駒を進めます。
③20のゴールに先に着いた人の勝ちです。
④20を超えてしまう場合は，その場所に留まります。

　はじめのうちは，子どもたちは，駒を１マスずつ動かしています。そして，遊んでいる中で，「ワープが使える」という声が聞こえてきます。その意味を確かめ，例えば２の場所にいて，６の目が出た場合には，「３，４，５，６，７，８」と進めるのではなく，「２＋６＝８」とたし算を用いることができることを確認します。しかし，「８＋３」のように，10を超えるたし算は未習のため，まだ計算ができません。そこで，どのようにしたらよいかを考えさせ，２マスだけ進んで10に止まり，そこから１マス動かして11になることを確認します。他の場合においても，駒を操作しながら確認していくことで，「10をつくる」という考え方の理解を深めていきます。

山本大貴

■数のきまりへの着目

■10のまとまりをつくる

■統合的な考え方

KEYWORDS

2 授業のねらい

> 繰り上がりのあるたし算の仕方を理解する。

　本単元で最も大切な考え方は，**10のまとまりをつくる**ことです。この考え方を身につけることで，十進位取り記数法の仕組みについての理解が深まります。一般的には，例えば「9＋3」になる問題場面を提示し，式を立て，どのように答えを導き出せるかを考えていきます。この例で言えば，3を1と2に分け，9と1で10をつくり，10＋2＝12のように，たす数を分解して考えます。また，9を2と7に分け，7と3で10をつくり，2＋10＝12のように，たされる数を分解して考えることもできます。本実践では，**たす数を分けて10をつくる考え方**に限定するために，すごろくを用いました。

3 問題

　0〜20までの数直線を使って，次のルールですごろくをします。

①0からスタートします。（自分の駒として消しゴムを置きます）

②サイコロの出た目の数だけ，駒を進めます。

③20のゴールに先に着いた人の勝ちです。

④20を超えてしまう場合は，その場所に留まります。

---

4 授業展開

数直線の復習をしながら，すごろくのルールを伝えます。

T　今日は，これを使います。（数字はこの時点では未記入）

C　数直線だ。

T　ここ（左端）を0とすると，隣はいくつになりますか？

C　1です。その隣が，2，3，4…（20まで）

C　0から20までの数直線ができたね。

T　では，これを使ってすごろくをします。

C　おもしろそう。

T　2人1組で勝負します。お互い，0のマスに自分の消しゴムを置いて，サイコロを交互に振ります。出た目の数だけ動かしていき，先に20に着いた人の勝ちです。さっそく始めましょう。

ゲームをする中での困ったことを，全体で確認します。

（2人1組で，すごろくを行う中で）

C　先生，20を超えてしまったら，どうしますか？

T　みなさん，いったん手を止めて。今○○くんから質問がありましたが，どういう意味かわかりますか？

C　例えば，19のマスにいて，3とか出てしまったら，20を超えてしまいます。

T　なるほど。「例えば」を使って、わかりやすく説明してくれましたね。
　　そういう場合は、19のマスに留まって、次のターンまで待ちましょう。

　1人の質問の意味を全体に問い返すことで、「例えば」など、具体例を用いて説明するよさを共有します。
　さらにゲームを続けていき、たし算が使えることに気づいた意見を全体で共有します。

C　これ、ワープが使えるね。
T　またおもしろい話をしている子たちがいるので、いったん手を止めましょう。○○くんたちは、「ワープが使える」と言っていますが、どういう意味ですか？
C　例えば、2のマスにいて、6が出たとします。3、4、5、6、7、8と1マスずつ動かさなくても、2から8にワープができます。

C　なぜ、8にワープができるとわかるの？
C　わかった！　2＋6＝8って、たし算が使えるんだ。
C　本当だ。1マスずつ動かすよりも簡単だね。
T　○○くんは、どうしてたし算が使えると考えたのですか？
C　0から2が出て、2に止まるとか、2から1が出て3に止まるとかの数をみて、たし算が使えそうかなと考えました。
T　いろいろな場合から、きまりを見つけて考えていたのですね。

> **数学的な見方・考え方を働かせるための発問①**
> 　「たし算が使えそうだ」という着眼点を問うことで、いろいろな場合から数のきまりに着目して捉えた見方を共有します。

繰り上がりのあるたし算の場合について考えます。

C　たし算は使えそうとわかったけど，例えば8のマスにいて，3の目が出たら，答えが求められないよ。

T　たし算の式は，どうなりますか？

C　8＋3です。

T　この計算はまだ学習していませんね。でも，答えは想像できませんか？

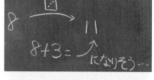

C　そっか，8から9，10，11と3マス動かすから，11だね。

T　では，8＋3＝11と，答えを簡単に求める方法を考えてみましょう。

C　いったん10に止まって考えてみたら，どうかな？

C　10まであと2マスで，残り1マス進めばいいんだね。

C　残り1マス進むのは，どうしてわかるの？

C　合計3マス進むから，3－2で，あと1マスでしょ。

T　**どうして，9ではなく，いったん10に止まって考えようと思ったのかな？**

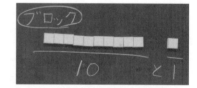

C　だって，11は10と1で，8に2を加えると10になるから。

C　ブロックを使ってみるとこうなるよ。（右図）

数学的な見方・考え方を働かせるための発問②

　9ではなく10に止まった理由を問うことで，子どもの中からたす数を分けて10をつくる考え方を引き出します。

他の数の場合でも確認し，10をつくる便利さについてまとめます。

T 　他の数でも，同じように考えられますか？

C 　7＋5だったら，10まで3マスと，あと2マスだから12だね。

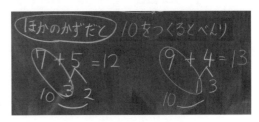

C 　9＋4だったら，10まで1マスと，あと3マスだから13だね。

T 　本当にその答えになるか，駒を動かして確かめてみましょう。

C 　7から5つ進めると12だし，9から4つ進めて13になったよ。

C 　やっぱり，10をつくると便利だね。

> **数学的な見方・考え方を働かせるための発問③**
> 　他の場合でも考えられるかを問い，「10のまとまりをつくる」便利さを実感させ，統合的にまとめます。

5　実践のまとめ

　問題文に，「合わせて」や「全部で」などが書かれていれば，たし算であることを判断して計算できる子どもは多いでしょう。しかし，与えられたからたし算を使って計算するだけではなく，自ら活用する力が求められます。すごろく遊びを通して，1マスずつ駒を動かさなくてもたし算が使えることに気がつくことで，他にもたし算が使える場面はあるのかを考えられるようになります。実際に似た実践を繰り下がりのあるひき算で行ったところ，その際には，はじめから「ひき算が使えそう」という反応が返ってきました。このようにして，「学びに向かう力」も高めていくことが大切です。

カードを置くコツは何？

1 授業の概要

本時は，「大きな数」の数表のきまりを発見する時間です。

> O~99までのカードを置いて，表を完成させましょう。

　まず，右の表を提示し，この表に0~99まで
のカードを置いて，表を完成させることを伝え
ます。左上角に「0」，右下角に「99」を置く
と，「もう1枚置かないと，どちらに進むかわ
からない」という声が聞こえてきます。つまり，
横向きに1，2，3…と進むのか，縦向きに1，
2，3…と進むのかを判断するためには，もう

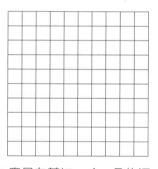

1枚カードが必要であるということです。こうした意見を基に，4~5枚ほ
どのカードを1枚ずつ置いていくと，どのように置くか，子どもたちも気が
ついていきます。そこで，1人1枚ずつカードを配り，表に置いてもらいま
す。カードを置き終わったところで，「簡単に置いていたけど，何かコツが
あるの？」と尋ねます。すると，「横にみると，十の位が同じで，一の位が
1ずつ増えている」「縦にみると，十の位が1ずつ増えていて，一の位が同
じ」などの，数表から見えてくるきまりについての意見を引き出すことがで
きます。こうしたきまりを基にして，残ったカードを置いたり，改めて4人
1組で数表を完成させたりすることで，きまりを活用する場面をつくり，学
習内容の定着を図ります。

山本大貴

KEYWORDS

■数のきまりへの着目

■発展的な考え方

2 授業のねらい

> 数表のきまりを探り，数の感覚を豊かにする。

　数表を見て，数の並び方のきまりを見つける問題は，教科書にも載っています。しかし，完成された表を使って「きまりを見つけましょう」と発問しても，何のためにそのきまりを見つけるのかが子どもにはわかりません。きまりを見つける活動を行うには，そのきまりを活用する場面が必要です。

　そこで本実践では，子どもたちと一緒になって，数表を完成させる活動を取り入れました。はじめは一緒に取り組みますが，途中できまりがわかると，子どもたちだけでカードを置くことができます。簡単に置くコツを発表してもらうことが，**数表から見えてくるきまり**を共有することにつながります。また，その見つけたきまりを用いて，もう１枚ずつカードを入れさせたり，改めて４人１組で表をつくらせたりすることで，**発展的に考える**場面を設けます。このようにして，数の感覚を豊かにしていくことで，２年生の九九表のきまり発見などの見方へとつなげていくことが大切です。

3 問題

> ０〜99までのカードを置いて，表を完成させましょう。

4 授業展開

数表の上にカードを置く方法を，学級全体で考えます。

T 今日は，この表に 0 〜99のカードを置いて，表
を完成させていきます。まず 0 と99はこの（右
図）の位置に置きます。

C あと 1 枚置いてくれれば，どっちに進むのか方
向がわかるよ。

T ○○くんが話していることは，どういう意味で
しょうか？

C 例えば，次に 1 を置くとして， 0 の右に置けば横に進み， 0 の下に置け
ば縦に進むことがわかるでしょ。

C なるほど，そういうことね。

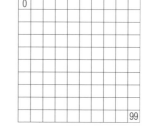

数学的な見方・考え方を働かせるための発問①
子どもが何に着目しているのかを全体に問い返し，共有します。

T では，カードを 1 枚引いて置いてみますね。 2 は，
ここに置きます。

C だったら，横に進んでいきそうだね。

T もう少し置いてみますね。63は，この場所です。
次の57は，ここですね。

C 置き方がわかった！　ぼくにもやらせて。

T では，86のカードを引きましたが，どの位置に置く
かわかる人いますか？

C ここです。（右下図）

　（もう 1 ， 2 枚，同様の活動を全体で行う）

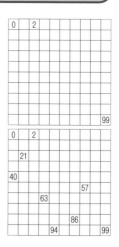

数表に簡単に数を置くためのコツを問い，きまりを引き出します。

T　では，みなさんに１人１枚ずつカードを適当に配るので，そのカードを表の上に置いてみてください。（右図のようにカードを置いていく）

0		2		4	5			8	
10	11		13		15		17		19
	21	22				26		28	
30				35	36				39
40	41		43	44	45	46	47	48	49
		52		54			57		
	61		63	64			67		
70					76			78	79
		82		84		86	87		
	91		93	94	95				99

T　みなさん，簡単そうにカードを置いて，あっという間にできましたね。**何か置くためのコツがあるのですか？**

数学的な見方・考え方を働かせるための発問②
　カードを簡単に置くためのコツを問うことで，数表から見えるどんなきまりに着目しているのかを引き出します。

C　例えば，この縦に並んでいる部分を見ると，一の位が，すべて４になっているから，一の位が４のカードは，この列に置けばいい。

0		2		4	5			8	
10	11		13		15		17		19
	21	22				26		28	
30				35	36				39
40	41		43	44	45	46	47	48	49
		52		54			57		
	61		63	64			67		
70					76			78	79
		82		84		86	87		
	91		93	94	95				99

T　では，24はここ（64と84の間）に置けばいいですね。

C　ダメだよ！

T　でも，一の位が４ですよ。ここではいけないの？

C　だって，一の位が４だけではなく，十の位が順番に４，５，６と増えて，１つ空いて８，９だから，１つずつ増えている。だからそこは，74のカードを置かないといけないよ。

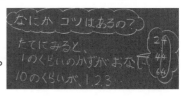

C　この表は，縦にみると一の位の数が同じで，十の位の数は上から順番に１，２，３と増えていくね。

C　ぼくは，表を横にみて置いたよ。

C　今度は，十の位が４と同じになっているね。

C　そして，一の位が１つずつ増えているね。

C　じゃあ，あの間に入るのは42だね。

C　さっきの縦にみる見方と，逆になっているね。

C　どういうこと？

C　縦にみると，十の位が１ずつ増えて，一の位が同じだったでしょ。

C　本当だ，一の位と十の位が反対になっているね。

　きまりを基にして，活用する場面を設定します。

T　では，カードがまだ余っているので，今みんなで話してきたことを基に，もう１枚ずつ置いてみましょう。

　（右図のようにつくる）

C　まだ余っているカードも置いて，完成させたい。

T　では，４人１組に同じ０～99のカードと表を渡すので，４人で協力して，表を完成させてみましょう。

　（４人組で活動する）

C　先生，他のきまりを見つけたよ。さっきは，縦にみるものと，横にみるものがあったから…

T　今，○○くんたちは，新しいことに気がつきました。さっきは，縦と横にみたからと話していましたが，**続きを想像できますか？**

C　わかった，斜めにみるんだ！

C　本当だ，おもしろいことがわかったよ！

C　斜めにみると，11，22，33と，十の位と一の位の数が同じになっている。

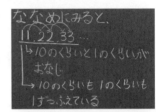

C　それだけじゃないよ。増え方は，十の位も一の位も１ずつ増えているよ。

C　反対側の斜めもおもしろいことがあるよ。

C　本当だ。今度は，一の位は１ずつ減っているけど，十の位は１ずつ増えているね。

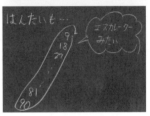

C　エスカレーターみたいだね。

C　どういうこと？

C　一の位が下向きに９，８，７…と減っていき，０まできたら，今度は十の位が上向きに９，８，７…と減っているから。

C　本当だ，いろんな見方があっておもしろいね。

5　実践のまとめ

　同じ表を観察しても，どのようにみているかは人それぞれです。縦にみる子もいれば，横にみる子もいます。また，「斜めにみたら」と，発展的に考える子もいます。その一つひとつの意見を共有していくことで，数の感覚を豊かにしていくことが大切です。数の感覚を豊かにし，例えば，99を「100よりも１小さい数」とみることができるようになると，４年生で52×99などの計算をする際に，52×（100－１）のような工夫につながります。

どちらが陣取りゲームに
勝ったのかな？

1 授業の概要

　本時は，「広さ」の学習の第2時です。前時に，広さを直接比較する学習をしました。

　陣取りゲームをします。ルールは，じゃんけんで勝ったら1マスずつ塗り，すべて塗り終えた後に，塗った広さが大きい方の勝ちです。

　右図のような1〜16の数字が書かれた用紙を2人に1枚ずつ配り，2人1組で「じゃんけん陣取りゲーム」を行うことを伝えました。

　1回戦目は，左に座っている人が勝ったら，1番から順に1マスずつ塗り，右に座っている人が勝ったら，16番から順に1マスずつ塗ります。すべてのマスを塗り終えたときに，塗った広さが大きい人の勝ちというルールです。その後，じゃんけんを終えた組から，結果用紙を黒板に貼りに来ました。「左チームが勝った人」「引き分け」「右チームが勝った人」に分けて並べ直すと，半分を基準にすれば，どちらが広いかがわかりやすくなりました。

1	5	9	13
2	6	10	14
3	7	11	15
4	8	12	16

　2回戦目は，ルールを1か所変えて，「勝った人は，どのマスを塗ってもよい」としました。すると，「半分がわからなくなる」という言葉が聞こえてきました。実際に行った後，黒板で再び並び替えてもらうと，1マスの大きさが同じであるため，8マスが半分となり，「半分を基準とする」考え方は同じであることに気がつきました。

■並べ替える

■単位の考え方

■半分を基準にする

2 授業のねらい

> 同じものがいくつ分かで，広さを比べることができる。

　1年生の「大きさ比べ」の単元では，「長さ」「広さ」「かさ」の3つについて学習します。それぞれ，直接比較，間接比較，任意単位による測定の考え方を理解することが求められます。特に，「広さ」「かさ」を学習する際には，「長さ」で用いた考え方を想起させることが大切です。

　1年生の学習では，ゲームを活動に取り入れることが多々あります。ゲームが終わると，子どもたちは，必ず「もう1回やりたい」と言い始めます。しかし，単純に同じことを2回行うのではなく，1回戦目と，2回戦目のルールを変え，その中に，子どもたちに考えさせたいことを織り交ぜることが大切です。本授業では，1回戦目は「端から順に塗る」，2回戦目は「どのマスから塗ってもよい」と変えることで，1回戦目で使った半分に折って比べる直接比較の考え方が，2回戦目では使えないことに気がつきます。そこで，「長さ」の学習を想起させることで，**同じものがいくつ分という任意単位の考え方**を引き出します。

　また，1回戦目と2回戦目の考え方を別々なものとして切り離すのではなく，共通している考え方を振り返ります。すると，**「半分を基準にする」**ことが見えてきます。半分は，ぴったり重なることだけではなく，同じ数になっていればよいという考え方は，2年生以降の「分数」の学習の素地にもなります。

3 問題

> 陣取りゲームをします。ルールは，じゃんけんで勝ったら１マスずつ塗り，すべて塗り終えた後に，塗った広さが大きい方の勝ちです。

4 授業展開

まずは，陣取りゲームのルールについて確認します。

T 今日は，２人１組でこの（右図）用紙を使って，陣取りゲームをします。

1	5	9	13
2	6	10	14
3	7	11	15
4	8	12	16

C おもしろそう！

T ２人で16回じゃんけんをします。左に座っている人が勝ったら１から順に赤色で塗り，右に座っている人が勝ったら16から順に青色で塗ります。

C あいこはどうしますか？

T 勝負がつくまでを１回とするので，あいこは数えません。

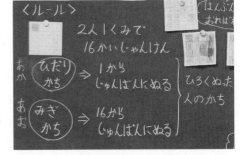

T 塗ったマスが自分の陣地になるので，すべて塗り終えたときに，広い陣地をもっている人の勝ちです。

（その後，陣取りゲームに取り組む）

結果を並べ直すことで，「半分」を基準にするよさを引き出します。

T　じゃんけんを16回終えた組から，黒板に結果を貼りに来てください。

T　**左チームの子と，右チームの子では，どちらが勝ったのかな？**

C　先生，今日も並べ替えていいですか？

T　○○くんたちは，並べ替えようとしているけど，どうしてでしょうか？

C　これまでの学習でも，並べ替えたら，いろいろなことがわかったから。

T　では，お任せしますので，お願いします。

数学的な見方・考え方を働かせるための発問①

「どちらが勝ったか」を考えさせる発問をすることで，これまでの学習でも使ってきた，「並べ替える」という考え方を引き出します。

T　どのように並べ替えてくれたのかな？

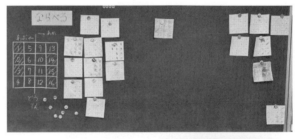

C　左の人が勝った紙を左側に置いて，右の人が勝った紙を右側に並べているね。

C　真ん中に置いてある紙は，左と右が同点だった組だね。

C　真ん中が同点とわかれば，それよりも青色が左側にはみ出ていれば青（右）の人の勝ち，赤色が右側にはみ出ていれば赤（左）の人の勝ちだとわかるね。

C　確かに，さっき並べ替えたものを見てみると，どれもそうなっているね。

C　真ん中ということは，半分に折ればわかるということになるね。

1マス分の大きさが同じであれば，個数で比べられる任意単位の考え方を確認します。

T　では，2回戦目をやってみましょう。

T　今度は，ルールを少し変えます。じゃんけんで勝った人は，どの1マスを塗ってもいいです。

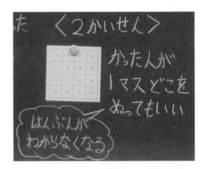

C　でも，それだと半分がわからなくなってしまって，どっちが勝ったかわかりにくくなるね。

T　なるほど。では，どうしたらよさそうか，実際にやってみて考えてみましょう。

　（その後，陣取りゲームに取り組む）

T　では，終わったチームから黒板に貼りに来てください。

C　また，結果がわかりやすいように並べてみようよ。

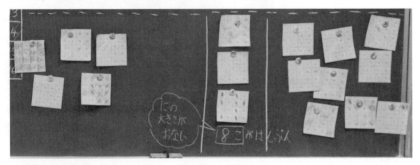

T　今回は，どのように並べてくれましたか？

C　さっきと同じように，「赤が勝ったもの」「引き分け」「青が勝ったもの」になっているね。

C　引き分けが8マスで半分になっているよ。

C　確かに，16マスの半分は8マスだから，今度はそれを基にして，8マスよりも多く塗ってある方が広いと言えるね。

T　どうして，数で比べられるのかな？

C　「長さ」のときにも，同じもの何本分と考えられたから，今回も１マス
　　の大きさが同じだから，マスの数で比べられるよ。

> **数学的な見方・考え方を働かせるための発問②**
> 　なぜ，マスの数で比べてよいかと発問することで，「長さ」の学習を
> 想起させ，同じものがいくつ分という任意単位の考え方を押さえます。

T　最後に，今日の授業を振り返って，１回戦目にも，２回戦目にも共通し
　　ている考え方は，何でしたか。

C　並べるとわかりやすくなる。

C　半分を基にすることで，比べやすくなる。

> **数学的な見方・考え方を働かせるための発問③**
> 　共通している考え方という視点で授業を振り返らせ，「半分を基準に
> する」という考え方を引き出して，統合的にまとめます。

5　実践のまとめ

　これまでの学習の中では，並べ（替え）る活動は，教師側から促していま
したが，本時は子どもたちから「並べ替えたい」と主体的に動き始めました。
このように，数学的な見方・考え方を働かせられるようにするには，同じこ
とを何度も繰り返し，その見方・考え方を子どもたちが自ら使えるようにな
るまで根気よく待つ必要があります。そして，できた瞬間をきちんと評価し
てあげることで，その後も自然にその見方・考え方を働かせるようになりま
す。

同じ数に並べ直せば…

1 授業の概要

　本時は，「かけ算」の学習の第2時です。前時に，同じ数のまとまりがいくつかあり，その総数を求める際には，たし算の式だけではなく，かけ算の式でも表すことができることを学習しました。

> **（PCの画面を見せて）この図を式に表すと，どのようになりますか。**

　まず，3のまとまりが3つある図を提示します。前時の復習も兼ねて，「3＋3＋3＝9」のたし算の式や，「3×3＝9」のかけ算で表せることを確認します。

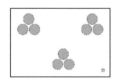

　次に，「2＋3＋4＝9」になる図を提示し，式まで確認した後，「かけ算では表せないの？」と尋ねれば，「同じ数ずつでないからできない」と返ってきます。また，「3×3」の図と並列に置くことで，「動かせば，同じ数ずつにできる」という意見を引き出します。

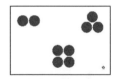

　この「動かせば，かけ算の式にできる」という意見を基にして，「3＋4＋5＝12」の図を，かけ算の式に表すにはどのように並べ直せばよいかを考えます。答えが

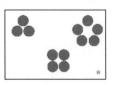

12になるかけ算の式は，「2×6」「3×4」「4×3」「6×2」の九九の範囲だけではなく，「1×12」や「12×1」も出てきます。単元を飛び越えた考え方ですが，「同じ数のまとまりがいくつ分かで，かけ算の式に表せる」と統合的にまとめ，理解を深めていきます。

山本大貴

KEYWORDS

■数のまとまりへの着目

■統合的な考え方

2 授業のねらい

> 同じ数のまとまりと，同じ数ではないまとまりを比べることで，かけ算の理解を深める。

　右図のように，りんごが５個ずつ載っているお皿が４枚ある場面を式にすると，５＋５＋５＋５＝20と表すことができます。このように，同じ数を何回も加える累加の簡潔な表現として，（１つ分の大きさ）×（いくつ分）＝（全体の大きさ）のように，かけ算の式で表すことが

できます。２年生では，九九を中心に学習を進めていきますが，ここでの学習において大切にしたいのが，**同じ数のまとまりを見いだすこと**です。そのために，同じ数になっているものを見せてかけ算の式に表すだけではなく，数がバラバラなものを操作することによって同じ数にし，かけ算の式に表すことや，総数からかけ算の式を考えることを行い，数の見方を豊かにしていきます。

3 問題

> （PC の画面を見せて）この図を式に表すと，どのようになりますか。

4 授業展開

まずは，前時に学習したかけ算を確認します。

T 今から，パソコンの画面に図を見せます。その図
を式に表すと，どのようになるかを考えましょう。
（右図を一瞬だけ見せる）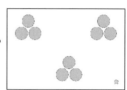

C えっ，短い！ もう1回見せてほしい！

T もう1回見せる前に…，**何を見ようとしているのですか？**

C 3つの山があったけど，それぞれ同じ数だったかを確認したい。

C 1つの山が3個ずつだったかを確認したい。

> **数学的な見方・考え方を働かせるための発問①**
>
> 図を一瞬だけ見せ，何に注目しようとしているのか問い返すことで，
> 「同じ数があったか」「何個ずつだったか」など本時のカギとなる大切な
> 見方を子どもから引き出します。

T では，そのことに注目して，もう1回見てみましょう。

C ほら，やっぱり1つの山が3個ずつで，3つの山があるね。

T では，ノートに式を書いてみましょう。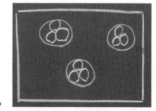

C 2種類の式ができるね。

T 発表してもらう前に，どんな図だったか黒板
にかいてくれますか？

C たし算の式で表すと「3＋3＋3＝9」です。

C かけ算にもできます。3が3個で「3×3＝9」です。

T それぞれの「3」は，どういう意味を表していますか？

C 前の「3」は，1つの山に3個ずつあり，後ろの「3」は，3つの山が
あるという意味です。

C　同じ数だから，かけ算にできるよね。

続いて，かけ算に表せない場面を提示し，表す方法を考えます。

T　では，第2問を提示しますね。何に注目して見ますか？

C　1つの山に何個ずつあるかと，山の数。
　（右図を提示する）

C　あー…，今度はかけ算では表せないね。

T　では，どんな式になりますか？

C　2＋3＋4＝9です。

T　先ほど，**「かけ算では表せない」と聞こえてきたけど，それはどうしてですか？**

C　1つずつの山の数が同じでないから。

数学的な見方・考え方を働かせるための発問②
　なぜ，かけ算で表すことができないかを問うことで，「同じ数ずつ」というかけ算を考えるうえで大切な数の見方を再度確認します。

C　でも，1つ動かして同じ数ずつにすれば，かけ算の式にできるよ。

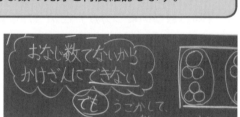

T　どういうことですか？

C　4個の山から2個の山に，1個だけ動かせば，どれも3個ずつになるよ。

C　たしかに，そうすれば，さっきの図と同じになったね。

C　動かせば，3×3＝9として表せるね。

さらに，総数を基にかけ算に直す方法を考えます。

T　最後に，もう１問やってみましょう。
　　（右図を提示する）

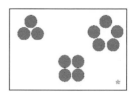

C　たし算だね。３＋４＋５＝12です。

C　これも動かせば，かけ算の式に直すことができる
　　ね。

T　では，この12個を同じ数ずつに並べ直して，かけ算の式になる図にして
　　みましょう。

C　ぼくはこんな図（右図）にしました。

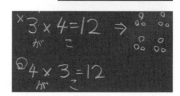

C　３×４＝12だね。

C　えっ，４×３＝12だよ。

T　どちらの式が正しいのでしょうか？

C　だって，３×４の式だったら，３が４個
　　という意味だから，図が違うよ。

C　４が３個という図だから，４×３＝12が
　　が正しいです。

T　答えは同じでも，図が違うということですね。

C　「同じ数がいくつ分か」というかけ算の意味を
　　考えないといけないね。

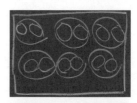

C　他にもできたよ。

C　２が６個だから，２×６＝12だね。

C　他にも６×２＝12もできました。

C　まだできたよ。

C　これはただ横に並べただけじゃないの？

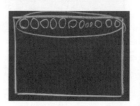

C　わかった，12個が１つとみれば，12×１と表
　　すことができそうだよ。

C　だったら，このように並べてもよさそう。

C　今度は，1が12個と考えて，1×12と表せそうだね。

　最後に，共通している見方を振り返り，統合的にまとめます。

T　最後に，今日の授業を振り返って，**かけ算に表すときに大切なことは，何だと思いますか？**

C　同じ数がいくつ分あるかを考える。

C　同じ数でないといけない。

> **数学的な見方・考え方を働かせるための発問③**
> 　共通している見方を振り返るように促すことで，統合的な考え方を働かせます。

5　実践のまとめ

　1年生からの学習を通して，できない場面でも，条件を変えてみることで，できるようにならないかを考えてきました。このかけ算の場面でも，子どもたち自ら条件を変え，「動かしてみれば，かけ算の式に表せる」と考え始めました。「条件を変えて考える」というのは大切な考え方ですが，注意しなければいけないことがあると感じました。それは，「2＋3＋4＝9」の式を「3×3＝9」の式に直せると勘違いする子がいたことです。あくまでも，動かすことで「3が3つ」とみることができ，そのように動かした場面であれば，「3×3＝9」とかけ算の式で表すことができるわけです。この点に気をつけながら，同じ数のまとまりがあるものとないものを比べることで，かけ算の意味理解を深めていくことが大切です。

長方形の半分を考えれば…

1 授業の概要

　本時は，「簡単な分数」の学習の第2時です。前時に，以下のような学習をしました。

> **2種類のパン（長方形）を半分ずつにして，交換しよう。**

　半分にする方法として，右の4つの意見が上がりました。

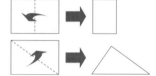

　これらの意見を基に，「同じ大きさに2つに分けた1つ分を，もとの大きさの$\frac{1}{2}$と表す」ことを指導しました。また，どれも「もとの大きさが同じ」であるから，「$\frac{1}{2}$の大きさも同じ」になるため，形が違っても交換ができることを考えました。

　この第1時を踏まえて，本時では，正方形を$\frac{1}{4}$にする活動

を行いました。上の3種類は，どの子どもも思いつくことができます。

　さらに，この折り方とは別な$\frac{1}{4}$の折り方をする子どもがいます。その「発想の着眼点」に焦点を当てることで，また別の$\frac{1}{4}$の折り方も発見できます。最後に，その着眼点を基にして上の3種類を見直し，統合的にまとめることで，$\frac{1}{4}$の意味理解を深めていきます。

2 授業のねらい

> $\frac{1}{2}$の仕方を想起することで，$\frac{1}{4}$の意味理解を深める。

　分数の学習においては，「もとの大きさ」を意識することが大切だと考えます。同じ$\frac{1}{2}$と表せるものでも，もとの大きさが異なれば，$\frac{1}{2}$の大きさも異なります。反対に，もとの大きさが同じであれば，形が異なっても，$\frac{1}{2}$の大きさは同じになります。この「基準」を意識させることは，割合の素地指導にもなります。

　$\frac{1}{4}$は「同じ大きさに４つに分けた１つ分」の意味がありますが，それを操作によってつくり出す際には，「半分の半分」と指導することが一般的です。しかし，「半分にしたものを半分にすると，$\frac{1}{4}$になる」という結果を押さえるだけではなく，**「どうしてその折り方を考えついたの？」と発想の着眼点を問う**ことで，つくり方に焦点を当て，「$\frac{1}{2}$を基準にして，それを半分にする」という考えを引き出したいと考えました。また，その考え方を基に，他のつくり方についても見直すことで，**「$\frac{1}{4}$は，半分の半分を考えることでつくり出せる」と統合的にまとめる**ことができます。

　このねらいを達成するために，第１時の$\frac{1}{2}$の活動を行う際には長方形を基にして，第２時の$\frac{1}{4}$の活動では正方形を基にする必要があります。右のように，正方

形を半分にすることで，長方形をつくり出せるからです。この長方形を半分にする方法を考える際に，第１時の活動とのつながりが見えてきます。

3 問題

正方形の折り紙を $\frac{1}{4}$ の大きさにしましょう。
どんな折り方が考えられますか。

4 授業展開

まずは，円の折り紙を用いて，$\frac{1}{4}$ の分数について指導します。

T 丸い折り紙を半分にしてみよう。

C できた。もとの大きさの $\frac{1}{2}$ になったね。

T さらに，半分にしてみよう。

C これは分数で表すと，どうなるんだろう？

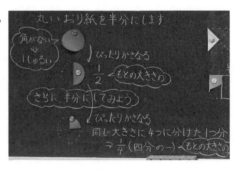

C $\frac{1}{2}$ は 2 つに分けた 1 つ分だから，4 つに分けた 1 つ分は $\frac{1}{4}$ かな？

T 同じ大きさに 4 つに分けた 1 つ分を，もとの大きさの $\frac{1}{4}$ と表します。

T 昨日の $\frac{1}{2}$ をつくるときには 4 種類もできましたが，$\frac{1}{4}$ をつくるときには 1 種類しかできないですね。

C 違うよ。もとの形が丸だから，1 種類しかできない。

C 丸は角がないから，角がある形だったら，もっとできるよ。

正方形を基にして，$\frac{1}{4}$ の大きさが何種類できるのかを考えます。

T では，正方形の折り紙を配りますので，何種類の $\frac{1}{4}$ の折り方があるかを

考えてみましょう。

C 2種類はできそうだ。

C もっとできそうだから，もう1枚，折り紙をください。
（各自で$\frac{1}{4}$をつくる活動時間をとる）

T では，$\frac{1}{4}$にしたものを発表してください。

C こんな形になったよ（どのようにつくったかを説明させる）。

T これは，$\frac{1}{4}$になっていると言えるの？

C 広げてみれば，同じ大きさに4つに分かれていて，その1つ分だから。

　特殊な折り方をしているものを扱い，発想の着眼点を問い返します。

C ぼくはこう折ってみたよ。（右図）

C それは$\frac{1}{4}$になっているの？

C また広げてみればわかるよ。

C 切って重なればより正確にわかる。

T **どうして，このように折ってみよ**
うと思ったのかな？

C 長方形を半分にしたときのことを
思い出してみた。

T **どうして，長方形を半分にしたと**
きのことを思い出したの？

C だって，正方形を半分にすると，
長方形になるでしょ。（右図）

C そっか。$\frac{1}{4}$は，半分の半分だから，その長方形をさらに半分にすること

を考えればいいんだね。

「長方形の半分を基にする」考え方から、別な折り方を考えます。

C　それだったら、もう1種類できるよ。

C　確かに。昨日の長方形を基にすればいいから…。

T　**「それだったら」と考えている子がいますが、もう1枚ずつ折り紙を配るので、一人ひとり考えてみましょう。**

C　できた。

T　どのように考えましたか？

C　さっきの意見と同じように、まず正方形を半
　　分にして、長方形をつくります。そして、そ
　　の長方形を、さらに半分にすればよいので、
　　長方形の半分の仕方として、三角形にする考え方で折りました。

C　広げてみれば4つに分かれているから、これも $\frac{1}{4}$ と言えるね。

最後に、「半分の半分と考えれば」と、統合的にまとめます。

C　だったら，まだで
きるかもしれない。

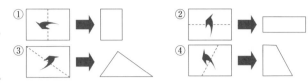

C　長方形の半分の仕
方は４種類あった。

C　③，④の折り方では，できたから，あと①，②の折り方でできそう。

C　わかった！　①，
②の折り方はす
でに出ているよ。

T　**これらの考え方に共通していることは，何ですか？**

C　正方形を半分にして，長方形にする。その長方形を基にして，それを半
分にする方法を考えればよかった。

C　$\frac{1}{4}$は，半分の半分という意味から考えると，納得だね。

> **数学的な見方・考え方を働かせるための発問③**
> 　共通している考え方を振り返ることで，統合的にまとめます。

5　実践のまとめ

　過去に本時の授業を考えた際は，「正方形を半分の半分にする」という操
作活動をたくさんさせることで，$\frac{1}{4}$を指導することが目的でした。正方形の
$\frac{1}{4}$は，（最初のページに掲載した）３種類しか出てこないと考えていました。
しかし，４種類目，５種類目が出てきたときに，称賛の声があがり，授業を
閉じました。授業終了後に，なぜ子どもたちがその折り方を思いついたのか
を考えてみると，前時の活動とのつながりがみえてきました。

　こうした「見方・考え方」に，授業の中で焦点を当てることが，学習指導
要領では求められてきます。そのためには，振り返りを意識した発問を心が
けることを大切にしなければなりません。

これまでの計算の仕方と同じかな?

1 授業の概要

　本時は,「長さ」の学習における,長さの計算の時間です。前の時間に,長さのたし算の学習を行い,本時はひき算について考えます。

> **ある長さの紙テープを適当に切りました。残りの長さを求めましょう。**

　まず,紙テープを見せ,この紙テープから適当な長さを切り取ることを伝えます。紙テープの長さを予想して,切り取る長さを決め,プリントに記入させます。そのプリントを黒板に貼らせた後,この紙テープの長さが「15cm6mm」であることを伝えます。

　子どもたちに貼ってもらったプリントの中から,どの数値が一番計算しやすいかを尋ねます。「10cm」や「4cm6mm」という意見が出てきましたが,計算して答えを求めるだけではなく,なぜ計算しやすいと思ったのかを問うと,子どもは「整数だけの計算」や「6mmが同じだから」と説明します。その意見を基に,同じように計算できるもので分類整理をしていきます。

　そして,「整数だけの計算」「6mmが同じ」以外のものが残りますが,「4cm5mm」のように繰り下がりがないものや,「4cm7mm」のように繰り下がりがあるもので分類整理し,計算の仕方を確認していきます。特に,繰り下がりがあるひき算は間違えやすいですが,「mmから計算し,ひけないときはcmから10mm借りてくる」ことがわかると,これまでの筆算と考え方は同じであることに気がつきます。

山本大貴

KEYWORDS

■単位への着目

■数の関係への着目

■類推的な考え方

■統合的な考え方

2 授業のねらい

> **長さの計算（ひき算）の仕方を理解する。**

　長さの計算の指導時間は１時間程度であり，繰り下がりのあるひき算については扱われていません。それは，㎝から借りてきたり，㎝を㎜に直して計算したりすることが難しく，これまでの計算と同様に加法性が成り立つことを理解させることが目標だからです。しかし，「７㎝５㎜－５㎝３㎜」のように，繰り下がりがない計算しか扱わないと，「㎝や㎜の単位同士で計算する」という考え方しか育たず，繰り下がりがある計算を考える際には，間違えやすくなってしまいます。

　そこで本実践では，各自にひく数を決めさせ，様々な計算を比べられるようにしました。計算がしやすいものから順に考えることにより，繰り下がりがあるときは注意が必要であることを理解させます。また，これまでの計算と同様に，**「下の位から計算する」「ひけないときには上の位から借りてくる」という考え方**を押さえます。

3 問題

> **ある長さの紙テープを適当に切りました。残りの長さを求めましょう。**

4 授業展開

問題文から，ひき算の場面であることを判断し，言葉の式に直します。

T ある長さの紙テープを適当に切りました。残りの長さを求めましょう。

C 数を教えてくれないとできないよ。

C でもひき算であることはわかるね。

C 切って，残りを考えるわけだから，ひき算だね。

T では，言葉の式にはできますか？

C （紙テープの長さ）−（切り取る長さ）＝（残りの長さ）です。

紙テープの長さを予想し，切り取る長さを各自で決めます。

T では，紙テープを見せますね。そして，切り取る長さは自分で決めていいですよ。

C その紙テープの長さを教えてください。それより長い数にしたら，残りがなくなってしまうから。

T なるほど。でも，だいたいどれくらいかを自分で考えて決めてみましょう。切り取る長さが決まったら，プリントに記入して，黒板に貼ってください。

C 難しいな…。紙テープは20cmくらいかな…（子どもが考えた切り取る数値は，1〜15cmの間でした）

T では，みなさんの予想を貼り終えたところで，紙テープの長さを教えますね。15cm6mmです！

C みんな，切り取ることができて，残りもきちんと出るね。

T みなさん，いい量感をしていますね。

続いて，貼られた数値を基に計算しやすい理由を考え，分類整理します。

T　では，どの数が一番計算しやすそうですか？
C　10cmだよ。
C　いや，4cm6mmじゃないかな？
T　では，10cmから計算してみましょう。
C　15cm6mm−10cm＝5cm6mm。
T　どうしてこの計算が簡単だと思いましたか？
C　だって，cmしか計算しなくていいから。
T　なるほど。では，**これと同じように計算できそうなものはどれですか？**
C　5cm，15cm，7cm，2cmかな。

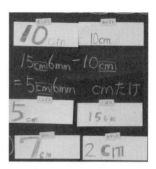

> **数学的な見方・考え方を働かせるための発問①**
> 　同じように計算できるものがあるかを問うことにより，類推的な考え方を働かせ，1つの観点を基に分類整理していきます。

T　では，4cm6mmという意見についても考えてみましょう。
C　計算してみると，15cm6mm−4cm6mm＝11cmになります。
T　**どんなことに気をつけて計算すればよいでしょうか？**
C　cmやmmの単位を見て，15cm−4cmと6mm−6mm，同じ単位同士で計算しないといけないね。

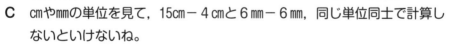

> **数学的な見方・考え方を働かせるための発問②**
> 　計算をするうえで気をつける点を問うことで，単位に着目させます。

C これは，ひかれる数もひく数も6mmが同じだから計算しやすいね。

C だったら，3cm6mmが同じ仲間であると言えるね。

C その次に計算しやすいのは，4cm5mm
などかな。

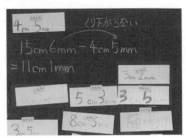

T ○○くんは，**どうして4cm5mmを選ん
だのでしょうか？**

C 繰り下がりの計算がないからだと思い
ます。

数学的な見方・考え方を働かせるための発問③
　どうしてその数値を選んだのかを全体に問い返すことで，「繰り下が
りがない」という数の関係に着目させます。

C 15cm6mm－4cm5mm＝11cm1mmだから，繰り下がりは確かにないね。

C 繰り下がりがないものは，他にもたくさんあるね。

　最後に，繰り下がりがある場合の計算方法を考えます。

C 残っているものは，4cm7mmとか繰り下
がりがある計算だね。

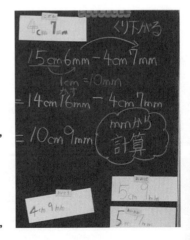

T どうやって計算したらよいですか？

C 6mmから7mmはひけないから，15cmから
1cm借りてくる。

C すると，14cm16mm－4cm7mmになるから，
答えは10cm9mmだね。

T 先ほどまでの計算と比べて，気をつけな
ければいけないことはありますか？

C 単位をそろえて計算するだけではなくて，

㎜から計算しないと，繰り下がりがあるときには，間違えそうだね。

　共通している考え方を振り返り，統合的にまとめます。

T　今日は長さのひき算を考えてきましたが，**これまでのひき算と比べて同
　じようなことはありますか？**

C　筆算するときも一の位から順番に計算するから，下の位から計算するこ
　とは同じだ。

C　あと，ひけないときは，上の位から10借りてきて計算することも同じと
　言えるね。

数学的な見方・考え方を働かせるための発問④
　　２位数−２位数などのひき算の仕方を想起させ，「下の位から計算す
　る」「ひけないときには上の位から借りてくる」などの共通している考
　え方を振り返ることで，統合的にまとめます。

5　実践のまとめ

　高学年になり，異分母分数のひき算の仕方を見ていると，帯分数を仮分数
に直し，そのうえで通分をするため，分子が大きくなり，計算間違いをする
子が見受けられます。この子たちは，計算の仕方は身についているものの，
ひき算を考えるうえで大切な「下の位から計算する」「ひけないときには上
の位から借りてくる」といった考え方が身についていないため，整数から１
借りて，帯分数のまま計算することができません。どの計算の時間において
も，「答えが合っていればよい」で終わらせるのではなく，どのように考え
たかを振り返り，今までの計算の仕方と同じであることを統合的にまとめて
いくことが大切です。

わられる数とわる数を 1ずつ小さくすると?

1 授業の概要

　本時は，あまりのあるわり算の活用場面です。わり算のわられる数とわる数を同じ数ずつ変化させたときに，わり算の商やあまりがどのようになるかを考えていきます。最初に「わり算マスターになろう」と言って，次のように投げかけます。

> 　これから提示するわり算の式のわる数とわられる数を 1 ずつ小さくしたわり算の答えを求めましょう。

　問題の意味がわかりづらいので，最初はみんなで確認しながら考えていきます。まず，45÷9を提示し，答えを確認します。ただ本時は，この答えを求めるのではなく，45−1＝44，9−1＝8になることから，44÷8の答えを求めることを伝えます。ルールをみんなで確認したところで，2問目の40÷8を提示します。子どもたちは1ずつひいて39÷7を計算します。「5あまり4」と答えが出たところで，子どもから「何かきまりがありそう」という声が上がります。最初の問題も次の問題もどちらも答えが5あまり4になっています。さらに「次の問題もわかる」と先を読み始める子どもも出てきます。その後，パターンを変えて36÷9の式も考えてみます。今度は「答えがこれまでと違うけど，やはりきまりがある」と共通点に目を向ける子どもが出てきます。そこで，アレイ図を提示し，なぜきまりが成り立つのか図を使って説明できるようにしていきます。

$$45 \div 9 = 5$$
$$\downarrow -1 \quad \downarrow -1$$
$$44 \div 8 = 5 \text{あまり} 4$$

2 授業のねらい

> 最初の式の商よりも１小さい数があまりになることを，複数の事例に共通するきまりから見いだし，図や具体物を使って説明する。

　本時で扱う課題は，わりきれるわり算を基にして，わられる数，わる数をそれぞれ１ずつ小さくしたときに商やあまりがどのようになるかを考えていきます。一見きまりがなさそうな課題ですが，いくつか計算をしていく中で，きまりが見えてきます。

　最初は，だれもが着眼点をもてるように，答えが同じ（５あまり４）になる計算から扱っていきます。その後，今度は答えが４あまり３になる計算を提示します。ここで，何かきまりがあると思っている子どもたちは，先ほどの計算と共通する点に目を向け，**あまりが商より１小さくなっているというきまりを帰納的に発見していきます**。

　きまりを見つけた後は，**なぜそのようなきまりになるのかを演繹的に考えていきます**。本時は，アレイ図を使って説明できるようにしていきます。図を一から自分でかくのは難しいと考えたため，こちらでアレイ図を用意し，その図を使って考える展開とします。子どもは既習の包含除の考えを生かし，わられる数のかたまりをつくることで，最初の式の商よりもあまりが１小さくなることを説明していきます。きまり発見を通して，わり算の式と商，あまりの関係について，図や言葉と関連させて振り返っていきます。

3 問題

これから提示するわり算の式のわる数とわられる数を1ずつ小さくしたわり算の答えを求めましょう。

4 授業展開

「わり算マスターになろう」と言いながら，本時の課題のルールを説明していきます。

T 今日は，わり算の計算をしていきます。ただし，先生が出す問題をそのまま計算するのではなく，わられる数とわる数を両方1ずつ小さくしたときの答えを求めます。最初は一緒にやってみましょう。$45 \div 9$ は？

C $45 \div 9 = 5$ だから，5になります。

T そうですね。$45 \div 9 = 5$ ですが，今日はこの45と9を1ずつ小さくします。どんな式になる？

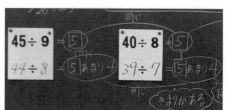

C $44 \div 8$ です。

T では，$44 \div 8$ を計算すると？

C 5あまり4です。

T そうですね。では，$40 \div 8$ だったらどうかな？

C $39 \div 7$ だから5あまり4。

C あれ？　きまりがありそう。

答えが同じになることから「きまりがありそう」という声が上がります。また，きまりから「次の問題もわかる」という声が出てくるので，予想の根

拠を問い返していきます。

C　先生が次に出す問題もわかる。35 ÷ 7 だと思う。
T　どうして35 ÷ 7 だと思ったの？
C　だって答えが 5 で同じだから。
C　わられる数は 5 ずつ小さくなっていて，わる数は 1 ずつ小さくなっているから35 ÷ 7 。

数学的な見方・考え方を働かせるための発問①
　　見つけたきまりの根拠を問うことで，どこに着目してそのきまりに気づいたのか，子どもの着眼点を全体で共有します。

---

　3 問目は，子どもの予想通り35 ÷ 7 を提示します。予想が当たったことで「じゃあ，次もわかる」とどんどん先を読む子どもが増えてきます。
　しかし，次は予想とは異なる計算を提示します。

T　次の問題は，36 ÷ 9 です。
C　えっ，予想と違う。
T　じゃあ，この場合はいくつになるかな？
C　35 ÷ 8 だから，4 あまり 3 になります。
C　予想と違ったけど，きまりがあるね。

　最初は答えが同じになることからきまりがあると話していた子どもたちが，答えが違う問題が出たことで，答えの共通点に目を向けてきまりを見いだし始めます。そこで，みんなで共通点に目を向けられるようヒントを求めます。

T　「答えが違うけどきまりがある」と言う人がいるけど，どんなきまりかヒントが出せるかな？

C　答えにきまりがあります。

C　1小さくなっています。

　ヒントを基に答えやあまりを見比べてきまりに気づく子どもが増えてきたところで，どんなきまりなのかを確認していきます。

T　じゃあ，どんなきまりを見つけたか聞いていこうかな。

C　あまりが答えより1小さくなっています。

C　最初の式と1ずつ小さくした式は，答えが同じになっています。

T　なるほど，確かにどの式で見ても答えは最初の式と同じになっていて，
　　1ずつ小さくした式は，あまりが答えより1小さくなっていますね。
　　32÷8でも同じきまりが言えるかな？

C　言えます。32÷8＝4で，31÷7＝4あまり3になります。

T　では，**なぜ答えは最初の式と同じであまりが1小さくなるのか，40÷8
　　と，39÷7の場合でこの図を使って説明できるかな？**

┌───┐
│ **数学的な見方・考え方を働かせるための発問②**
│　複数の式から帰納的に見つけたきまりを，別の式でも確かめることで
│正しそうだということが見えてきます。そこで，なぜそのようなきまり
│になるのかを問い，図を使って演繹的に考えていきます。
└───┘

C　できます。40÷8の場合は8個ずつ囲んでいくと5個とれて，39÷7の
　　場合も7ずつ囲んでいくと同じように5個とれる。

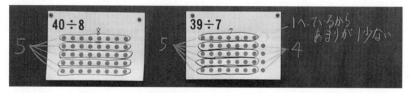

T　本当だね。あまりが1小さくなるのはどうしてかな？

C　39÷7の右側の１列があまるけど，最初に１小さくしているから，あまりは５より１小さい４になる。

　必要に応じて図を使って考えたり説明したりできるようになることが目的ですが，最初からは難しいので，ここではアレイ図を提示し，図を使って考えたり説明したりするよさを意識させていきます。

T　なるほど。では20÷４の場合はどう？
C　20÷４＝５だから19÷３＝５あまり４。
C　あっ，違う。
T　何か違うの？
C　これだと，あまりの数がわる数よりも大きくなってしまうからダメ。
T　この場合も図を使って説明できるかな？

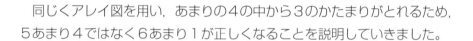

　同じくアレイ図を用い，あまりの４の中から３のかたまりがとれるため，５あまり４ではなく６あまり１が正しくなることを説明していきました。

5　実践のまとめ

　本時はあまりのあるわり算の活用場面として，ただ計算の習熟を図るだけでなく，何かきまりがあるのではないかと帰納的に考えたり，図を使って演繹的に考えたりと，数学的な見方・考え方を働かせる授業を目指しました。今回見つけたきまりはどんな場面でも成り立つものではなく，あまりがわる数よりも大きくなるときは成り立たないので，子どもたちが間違えやすいあまりとわる数の大きさの関係に目を向け，図を使って考えていくことができました。本時では扱えませんでしたが，最初の式もわりきれて１ずつ小さくした式もわりきれる場合もあるので，きまりが成り立つのはどんな場合か，他にはどんなきまりがあるかなどを深めていってもおもしろいでしょう。

いつでも使えそうな
アイデアは？

1 授業の概要

　本時は，「かけ算の筆算」の学習の第2時です。

　まず，前時（20×3の答えの求め方）の復習と
して，「30×3」の問題を解いてもらいました。
その際に，右図のように，30を「10のまとまり3
つ」と考え，それが3個分であることを確認しま
した。この考え方が，本時の展開の中に生かされ
てくることになります。

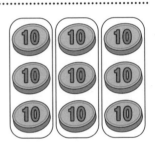

　その後，本時の課題として，以下の問題を提示しました。

　1枚21円の画用紙を3枚買いました。全部でいくらですか。

　答えの求め方を考えましょう。

　自力解決の時間をとり，子どもたちのノートには，以下の考え方が見られ
ました。

(1)　21＋21＋21　　　（21を3回たす）

(2)　20×3＋1×3　（21を20と1に分けて考える）

(3)　7×3×3　　　（21を7×3と考える）

　この考え方を1つずつ取り上げ，答えの導き出し方を発表してもらいまし
た。その中で，(3)の考えを基にした別の考え方も生まれてきました。4つの
考え方を吟味し，「別な数だったら」と発展的に考えることで，いつでも使
える方法として，(2)の考え方のよさが理解できます。

■数のまとまりへの着目

■発展的な考え方

■統合的な考え方

2 授業のねらい

> 十の位と一の位に分ける考え方のよさを理解することで，筆算の学習へとつなげる。

　2年生で学習してきた九九を基に，3年生では2桁×1桁の筆算の方法を学んでいきます。方法が理解できれば，桁数が増えても同様に考えて計算できることが，筆算のよさです。だからこそ，かけ算の筆算を初めて学習するこの単元においては，筆算の仕方を教え込むのではなく，その意味理解につながる授業が大切になります。学習指導要領の解説には，「例えば，23×4の計算は，23を20＋3とみて，20×4と3×4という基本的な計算を基にしてできることを理解できるようにする。これは，筆算の仕方に結び付く考えである」と示されています。この**「位を分けて計算する」という考え方**の大切さを子どもたちが感得できるようにするためには，様々な考え方の中で，「どの考え方だったら，いつでも使うことができそうか」を吟味する場面が必要だと考えます。

　そこで，21×3の場面を扱うことで，様々な考え方が子どもから出るのではないかと考えました。その考え方を1つずつ吟味し，**「別な数だったら」と問題を発展させていく**ことで，先ほどの考え方が使えるものと，そうでないものがあることに気がつきます。どんな数でもできる方法として「位ごとに分けて計算すればいい」とまとめることで，次時の筆算学習へとつなげていきます。

3 問題

1枚21円の画用紙を３枚買いました。全部でいくらですか。
答えの求め方を考えましょう。

4 授業展開

まずは，前時に学習した「何十×一桁」の計算の仕方を復習します。

T　昨日の復習として，「30×3」の
　　答えの求め方を確認しましょう。
C　30を10が３つと考えればよかった
　　よね。
C　３×３＝９と計算できるけど，答
　　えの「９」は10が９個分だから90
　　と答えが出せる。

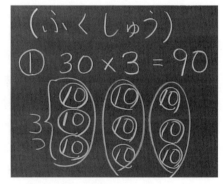

続いて，「21×3」の答えの求め方について全体で考えます。

T　今日の問題「１枚21円の画用紙を３枚買いました。全部でいくらです
　　か」を考えてみましょう。
C　式は，21×3になりそうだね。
T　では，21×3の答えの求め方を考えてみましょう。
　　（自力解決の時間を設ける）
T　どのように求めたかを発表してください。
C　私は，21を３回たして，21＋21＋21＝63と求めました。

C 昨日，20×3の計算を考えたときにも出てきたよね。

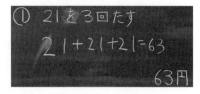

特殊な解き方をしているものを扱い，子どもの着眼点を問い返します。

C ぼくは，「3×3＝9，7×9＝63」で求めました。

C えっ，どうやったの？

C 答えは合ってるけど，偶然じゃないのかな。

C 図にかいてみると（右図），21を7が3つと考えました。すると，3個のまとまりが3つあるから，3×3＝9だけど，この答えの「9」は，7が9個分だから，7×9＝63です。

C すごい，偶然じゃなかったんだね。

T どうして，○○くんはこのように考えてみたのだろう？

C わかった！　授業の最初に復習した「10×3の考え方」に似ている。

C 本当だ。さっきは，10のまとまりで考えていたけど，今回は7のまとまりと考えればいいんだね。

C 10が7に変わっただけで，まったく同じだね。

> **数学的な見方・考え方を働かせるための発問①**
> 　「どうして，○○くんはこのように考えてみたのだろう？」と着眼点を焦点化することで，「30を10が3つと捉える」という発想の基になる見方に気づかせます。

C それだったら，3のまと
まりをつくっても解けそ
うだよ。

C 確かにできそうだ。

T **どうして，3のまとまり
でもできそうだと考えて
いるのかな？**

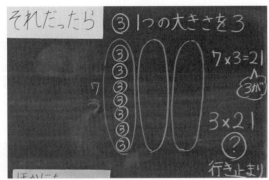

C 21は7×3でも求められ
るけど，かけられる数とかける数を反対にすれば3×7になるから，3
のまとまりでもできると思う。

> **数学的な見方・考え方を働かせるための発問②**
>
> 　1つの考え方を基にして，「それだったら」と発展的に考えようとす
> る意見を共有し，そのアイデアを全体に理解させます。

C でも，3のまとまりでやってみたら，途中でわからなくなっちゃった。
21は3が7つでしょ。7個のまとまりが3つあるから，7×3＝21まで
はできた。答えの「21」は3が21個分だから，3×21になって，この求
め方がわからない。

C たしかに，最後の最後で行き止まりになってしまうね…。

C 答えまでたどり着けるときと，そうでないときがあるんだね。

T この考え方については，わかりましたね。では，他の求め方を考えた子
はいますか？

C ぼくは，21を20と1に分けて，
20×3＝60と1×3＝3を計
算して，60＋3＝63で求めま
した。

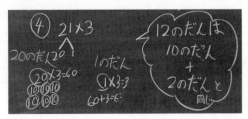

C これもできそうだね。

T　この子のアイデアは，これまでの学習の何かに似てないかな？

C　２年生のときに，九九表を12の段まで広げたときに似ている。

C　12の段は10の段と２の段をたせば答えが出る，というのと同じだね。

　　別な数で試してみることで，いつでも使える方法を見つけます。

T　最後に，23×9だったら，どの考
　　え方が使えそうですか？

C　①と④ならできそうだね。

C　①なら，23を９回たせばいいね。

C　④なら，23を20と３に分けて，
　　20×9と３×9をたせば，答えが出せそうだね。

C　①はできるけど，大変そうだから，④の方が便利だね。

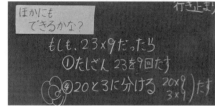

T　**では，２桁×１桁の計算をするときには，どのように考えれば，いつで
　　も答えが求められそうですか？**

C　十の位と一の位に分けて計算して，たせばよさそうだね。

> **数学的な見方・考え方を働かせるための発問③**
> 　いつでも使えそうな考え方を振り返ることで，統合的にまとめます。

5　実践のまとめ

　　意図的に「30×3」という復習問題を取り入れることで，「30を10が３つ
と捉える」という本時の発想の基になる見方に気づかせました。一方で，
「30×3」「21×3」と「3」が頻出したため，子どもの混乱を招いたかもし
れず，かける数を４にするなどの工夫が必要と感じました。また，発表の順
番も，見方・考え方を働かせる授業をつくるうえで重要であると考えます。

1本の直線から
二等辺三角形がかけるかな？

1 授業の概要

本時は，3年生の二等辺三角形の作図の時間です。

4cmの直線を1つの辺として，二等辺三角形をかきましょう。

———————————

前時に，正三角形と二等辺三角形，一般三角形について，辺の長さに着目して三角形を仲間分けしています。その際，辺の長さを調べる方法として，定規だけでなく，コンパスも使えることを学習しています。

単元2時間目にあたる本時は，二等辺三角形の作図に挑みます。上記のように4cmの直線を1本だけ与え，あとは自由に二等辺三角形を作図させます。前時にコンパスを使って長さを調べていることから，二等辺三角形の頂点を決めるためにコンパスが使えることは想起できます。

通常二等辺三角形の作図をする場合は，3つの辺の長さが提示されていることが多く，要するに合同な二等辺三角形の作図をやっているわけです（3辺の長さがそれぞれ等しい）。しかし，それでは多様な二等辺三角形は出てきません。提示するのを1本の直線だけにすることで，残り1つの頂点をどのように決めるのか，子どもによって違いが出てきます。

違いがあるからこそ，残り1つの頂点が規則的に並んでいることに気づくことができます。そうなると，二等辺三角形を多様な見方でみられるようになるのです。

加固希支男

■辺の関係への着目

■頂点の関係への着目

KEYWORDS

2 授業のねらい

様々な二等辺三角形を作図することで，二等辺三角形の見方を豊かにする。

最初に４cmの直線を１本提示すると，子どもたちは様々な二等辺三角形をかきます。

かき方としては，２種類あります。１つは，提示した直線を底辺とみるかき方です。残り２本の辺の長さを等しくすることで，二等辺三角形を作図します（左下図）。もう１つは，提示した直線を斜辺とみるかき方です。最初に提示した４cmの直線の端の頂点から，同じ４cmの直線を引き，２本の４cmの辺の端と端を直線で結んで作図します（右下図）。

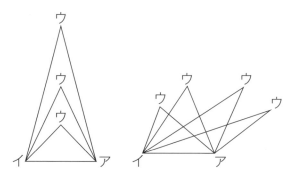

どちらにしても，１本の直線が与えられているということは，頂点が２つ（ア，イ）与えられているということになります。作図するというのは，３

つ目の頂点（ウ）をどこに決めるのかを考えていることになります。

　１つ目のかき方をしてみると，頂点ウが直線に並ぶことがみえます。２つ目のかき方をしてみると，頂点ウが円に並ぶことがみえます。このように，**多様な二等辺三角形を作図し，頂点の動きに着目させる**ことを通して，「二等辺三角形は２辺の長さが等しい三角形」という言葉の定義だけでなく，様々な二等辺三角形を想像できるようにします。

3 問題

> ４㎝の直線を１つの辺として，二等辺三角形をかきましょう。
>
> ────────────

4 授業展開例

　まず，１本の直線が二等辺三角形の辺になるように作図することだけを共有し，自由に二等辺三角形を作図させます。

T　１本の直線があります。

C　測ったら４㎝あります。

T　そうですね。この４㎝の直線が，１本の辺になるように二等辺三角形をかいてみましょう。
　　　（しばらく時間をとり，各自で取り組む）

T　どうやってかきましたか？

C　４㎝の直線の左の端から４㎝の直線を引いて端を結べば，二等辺三角形

になります。

T これは本当に二等辺三角形になっているかな？

C なっているよ。だって，２つの辺の長さが同じ長さになっているから。

C 右の端から４㎝の直線を引いて結んでも，二等辺三角形になります。

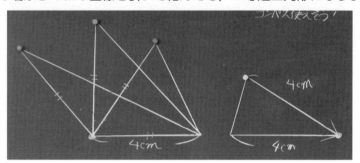

　続いて，４㎝の両端から同じ長さの辺を引く方法を取り上げます。

T 他の方法で二等辺三角形をかいた人はいますか？

C ぼくは，コンパスを使ってかきました。まず２㎝に開いて，両端からコンパスでかいて，ぶつかったところが頂点になります。

C それじゃできないよ。

T **どうして二等辺三角形にならないのかな？**

C だって，４㎝の半分になっちゃって，直線になっちゃう。

C ４㎝以外の２本の（長さが）等しい辺の長さの合計が４㎝より長ければできるよ。

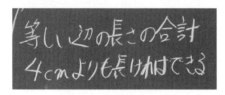

T じゃあ，このかき方で，他の二等辺三角形をかくことができるかな？

　4cmの直線を底辺と見た場合，斜辺2本の長さの合計が4cm以上でなければ二等辺三角形を作図することはできません。このように作図が「できない理由」も根拠を基に考え，説明させることで，底辺と斜辺の長さの関係にも着目することができ，二等辺三角形の見方が1つ増え，豊かになります。

　4cmの直線を底辺とみる考え方で，他にも二等辺三角形を作図していきました。そして，黒板にも残していき，3つ目の頂点にマグネットを置いて，頂点の並び方に着目させます。

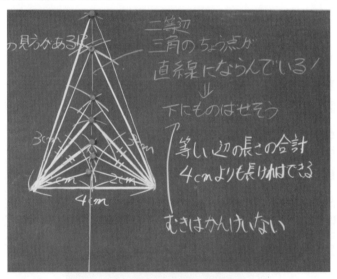

T　頂点がどのように並んでいるかわかりますか?

C　直線に並んでいる。

T　この直線を下にのばしても，二等辺三角形はかけるかな?

C　かけるよ。だって，二等辺三角形は向きは関係ないもん。

T では，下向きの二等辺三角形もかいてみましょう。
（各自で作図する時間をとる）

T では，最初にかいた方法で二等辺三角形をかいてみると，頂点がどのように並ぶかわかるかな？

C 円になってる！

数学的な見方・考え方を働かせる発問②

　頂点の並び方に着目させることによって，二等辺三角形を動的に捉えられるようになります。図形の学習では，目の前にある図形を代表例としてみて，その裏側に多様な図形があることを認識できるようにすることが大切です。

---

5 実践のまとめ

　本時の授業感想を読んでみると，以下のように，二等辺三角形の見方が変わったことについて書かれた感想が多く見られました。

　「（等しい長さの辺の長さが）4cmよりも長ければ，どんな長さでもできることにびっくりした」

　「二等辺三角形は上にしかできないと思っていたけれど，下にもできてびっくりした」

　「小さい順に二等辺三角形を並べていくと，直線になることをはじめて知った」

　「二等辺三角形と円には意外な関係があることを知った」

　もし1つの二等辺三角形をかいただけであれば，きっと上記のようなことを感じたり，発見したりすることはなかったでしょう。様々な二等辺三角形を作図することで，1つの二等辺三角形の裏側には，様々な二等辺三角形があることを想像できるようになるのです。

2つの観点を同時に わかりやすくするには？

1 授業の概要

　本時は，「折れ線グラフと表」の単元の中の，二次元表の導入場面の授業です。教科書教材のけが調べの場面を利用して次のように問いました。

> **けがを減らすための効果的な呼びかけを考えよう。**

　まず「最近学校でどんなけがが多いのか保健室で聞いてきたのだけれど…」と言いながら，学年とけがの種類が書かれたカードを黒板に提示します。
　その後，上記のように学校でのけがを減らすためにどんな呼びかけをしたら効果的になるかを問いかけていきます。バラバラに提示しているので，子どもから「このままでは，よくわからないから整理してわかりやすくしたい」という意見が出てきます。
　そこで，どんな整理の仕方ができそうかを問います。学年ごとに整理する方法と，けがの種類ごとに整理する方法が出てくるので，子どもに任せて黒板上のカードを動かして整理してもらいます。どちらの方法で整理してもよいのですが，本時はまず学年ごとに固めて棒グラフのように並べました。

	2年 打ぼく				
1年 打ぼく	2年 すりきず	3年 切りきず		5年 すりきず	
1年 すりきず	2年 打ぼく	3年 切りきず	4年 すりきず	5年 打ぼく	6年 ねんざ
1年 打ぼく	2年 すりきず	3年 打ぼく	4年 打ぼく	5年 すりきず	6年 すりきず
1年 すりきず	2年 すりきず	3年 すりきず	4年 すりきず	5年 切りきず	6年 ねんざ

　「やはりこれではけがの種類ごとの多さはわからないね」と投げかけると，子どもは，「工夫すれば両方わかるようにできそう」と言って，横軸の学年は変えずに列ごとの縦の並びを変えていきます。そこから，もっと工夫ができそうという意見が出て，よりよい表し方を考えていく展開になりました。

松瀬　仁

■表やグラフへの着目

■発展的な考え方

KEYWORDS

2 授業のねらい

けがを防ぐための効果的な注意を考えるため，2つの観点を同時にわかりやすくするカードの並べ方を工夫し，二次元表につなげる。

　この単元では，複数の観点がある資料を2つの観点から分類整理して二次元表にまとめ，特徴を調べることをねらいとしています。これまで子どもは，1つの観点で表やグラフに整理する経験をしてきていますが，2つの観点で同時に着目して分類整理する経験はありません。一般的には二次元表が与えられ，あてはまる項目の数を正の字などを利用して落ちや抜けなく数えて二次元表を完成させていきますが，本時は，カードを並べ替えて整理する活動を行います。**これまで横軸（学年）のみに目を向けて整理していたものを，縦軸（けがの種類）にも着目して整理することで，2つのことが同時にわかりやすくなる**，というように見方を広げ，二次元表につなげていきます。そのために本時の教材では，あらかじめ観点を2つに絞り，活動を焦点化できるようにしてあります。

　また，よりわかりやすくなる並べ方を考えていく中で，**それぞれの項目（けがの種類）が横にそろうように並べるというアイデア**が出てきます。

　このように，二次元表につながる新しい考え方を，教師の側から与えるのではなく，子ども自らつくり出していくことで，既習を基に学びを創造していく力を高めることができます。

3 問題

けがを減らすための効果的な呼びかけを考えよう。

4 授業展開

「最近学校でどんなけがが多いのか保健室で聞いてきたのだけれど…」と
言いながら，学年とけがの種類が書かれた紙を黒板に貼っていきます。

C すりきずが多そう。

C バラバラだからわかりに
くいね。

T 今日は学校のけがを減ら
すための効果的な呼びか
けを考えてもらいます。

C 何年生のけがが多いのか，
あと，どんなけがが多い

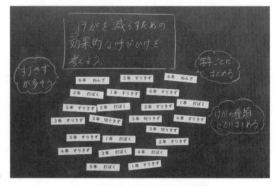

カードを並べ替える前の状態

のか，調べないといけないから並べ替えたい。

T どうやって並べ替えたらいいのかな？

C 学年ごとにまとめたらいい。

C けがの種類ごとにまとめてもいい。

「学年ごと」と「けがの種類ごと」の２つの観点が出てきたところで，実
際に黒板上でカードを並べ替えていきます。

T では，このカードを並べ替えてくれますか？

C　じゃあ，学年ごとに並べ替え
　　てみる。

T　数が多いから，一緒に手伝っ
　　てくれる人はいますか？

C　2年生が一番多い。

T　確かに，学年ごとに並べると，
　　どの学年が多いかすぐにわかるね。でも，けがの種類ごとの多さはわか
　　らないね…。

C　今度は，けがの種類ごとに並べ替えたらいい。

C　でも，そうしたら今度は学年がバラバラになってしまう…。

T　学年もけがの種類もどちらもわかりやすくする方法はないのかな？

　ここで，ペアで相談しながら考える時間をとり，どのような考えが出たか
聞いていきます。

T　友だちと相談してみて，学年とけがの種類の両方がわかりやすくなるよ
　　うな方法が見つかったという人はいますか？

C　学年の中で，けがごとに並べ替えていったらいい。

T　どういうことか，今の考えがわかる人はいますか？

C　例えば，1年生だったら，すりきずと打ぼくをそれぞれまとめて上下に
　　置くようにする。

T　なるほど，**では，手分け
　　して，他の学年も同じよ**

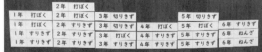

うに整理してみよう。

これまで，学年ごとしか意識していなかった子どもたちが，けがの種類ごとにも整理していきます。

C　あれっ，これって，もっとわかりやすくすることができそうだよ。

T　これよりももっとわかりやすくできそうだという人がいます。

C　けがの種類ごとに横にそろうようにしたらわかりやすいよ。

T　では，**1年生と2年生のところを並べ替えてみてくれるかな？**

> **数学的な見方・考え方を働かせるための発問②**
> 　子どもたちに並べ替えを促すことで，「けがの種類ごとに横にそろうようにする」という発展的な考えが出ました。しかし，まだどういうことを言っているのかわかっていない子どもも多かったので，1年生と2年生の部分を実際に並べ替えてもらいます。

C　こうやって…，1年生と2年生で，すりきずはすりきずで横にそろえて，打ぼくは打ぼくで横にそろうようにする。

C　あーっ，わかった！

T　じゃあ，3年生のところを続きでできる人はいますか？

C　すりきずと打ぼくが1人ずつだから，それぞれ横にそろえて，切りきずをその上に持ってきたらいい。

T　なるほど。では，残りの学年も並べてみよう。

並べ方の仕組みがみえたところで，残りの学年についても並べ替えていきます。

最後に，それぞれの項目名を確認してまとめていきます。

T　このように並べていくと，縦にみると学年ごとの人数がみえて，横にみ
　　ると，けがの種類ごとの人数がみえますね。では，2年生ですりきずを
　　つくった人は何人いますか？

C　2年のすりきずだから…，3人。

T　縦と横でそれぞれみていくと，2つのことを同時に見やすく整理するこ
　　とができるのですね。

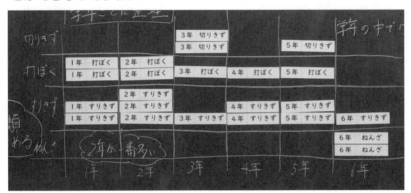

5　実践のまとめ

　本実践では，カードを用いて並べ替えるという操作的な活動を取り入れ，
学年ごと，けがの種類ごと，とこれまで1つの観点だけで考えてきた子ども
たちに，2つの観点で同時にみていくという見方を広げました。また，そこ
からよりわかりやすい表し方へと考えを発展させていくことで，最終的に二
次元表につながる並べ方まで考えていくことができました。次時では，今回
並べ替えたカードの枚数を数値化し，二次元表として完成させていきました。

　なお本実践では，活動を焦点化させるために最初から観点を2つに絞った
資料を扱っていきましたが，多くの観点の中から必要な2つの観点を選び出
していく活動も大切ですので，別の場面で扱っていけるようにするとよいで
しょう。

どのぐらいのびる ゴムと言える？

1 授業の概要

本時は，4年生の簡単な場合についての割合です。

> いつでもどのぐらいのびるゴムと言える？

30cmのゴムをつくり，それをゴムAとします。そして，「ゴムAは，いつでもどのぐらいのびるゴムと言える？」ということを問題として，導入を行います。

30cmのゴムを目一杯のばしてみると，60cmになりました。この結果から，差に着目して「いつでも30cmのびるゴム」と答える子どもと，倍に着目して「いつでも2倍にのびるゴム」と答える子どもが出てきます。

どちらの考え方が正しいのかを考えることをきっかけに，のび方を倍で比較することまで扱うことを目指した1時間です。

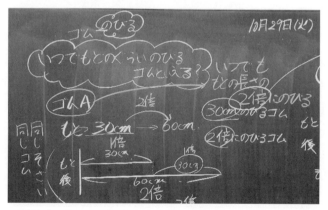

2 授業のねらい

> ゴムののび方を考える際は，差ではなく，倍を使って考えた方が都合がよいことを理解できるようにする。

　簡単な場合についての割合というと，導入で２つの変化の事象を比べます。「ゴムAはもとの長さが30cmの場合，のばすと60cmになります。ゴムBはもとの長さが10cmの場合，のばすと30cmになります。ゴムAとゴムBは，どちらがよくのびると言えるでしょう」といった問題です。

　しかし，多くの子どもは結果にばかり着目してしまい，ゴムの質に目を向けることができません。割合の学習は，結果ではなく，質に着目することがカギです。そこで，質に着目しやすい展開を考えました。

　導入で「いつでもどのぐらいのびるゴムと言える？」と，ゴムののび方の質について直接問いました。ゴムAは，もとの長さが30cmの場合，伸ばすと60cmになります。**差に着目する子どもは「いつでも30cmのびるゴム」と答え，倍に着目する子どもは「いつでも２倍にのびるゴム」と答えます。**

　次に，ゴムAのもとの長さが20cmの場合，のばすと何cmになるのか予想させます。50cmと答える子どもと40cmと答える子どもがいます。実際にのばしてみると40cmになります。すると，ゴムAは「いつでも２倍にのびるゴムだ」ということがわかります。

　ゴムBも同様に，もとの長さを変えながら「いつでもどのぐらいのびるゴムか」について考えます。

そのうえで，授業の最後に「**ゴムAとゴムBでは，どちらがよくのびるゴム**」を問うと，倍による比較の方が都合がよいことを理解できるのです。

3 問題

ゴムAは，もとの長さが30cmの場合，のばすと60cmになります。
ゴムAは，いつでもどのぐらいのびるゴムと言える？

4 授業展開

まずは，ゴムAのもとの長さが30cmの場合について考えます。

T　ここにゴムがあります。ゴムAとします。ゴムAを30cmに切ってのばすと，60cmになりました。このゴムAは，いつでもどのぐらいのびるゴムだと言えるでしょうか？
C　30cmのびるゴム。
C　2倍にのびるゴム。
T　「30cm」というのは，図のどこを指しているのかわかるかな？
C　30cmが60cmになっているときの，のびた部分（差）です。
T　では，「2倍」というのは，図のどの部分を表しているのかな？
C　のびた後の60cmが，2倍の部分です。
T　1倍はどこかわかるかな？
C　もとの長さの30cmの部分です。

切ったゴムを提示するのではなく，長いゴムから30cmのゴムを切り取ることが大切です。そうすると，「いつでもどのぐらいのびるゴムか」という質

について考えることにつながります。

　また，差や倍が何を表しているのかを図と照らし合わせて見ていくことで，何を見て判断しているのかをクラス全体で共有することができます。

　次に，ゴムＡのもとの長さが20cmの場合を考えます。

T　もしゴムＡのもとの長さを20cmにしたら，のばした後の長さは何cmになると思いますか？

C　50cm！

C　40cm！

T　「50cm」と答えた人は，どうして50cmになると思ったの？

C　だって，さっきのばしたときに30cmのびたから，20＋30＝50で50cmになると思いました。

C　でも，さっきのばしたときは2倍にのびたから，20×2＝40で40cmになるんじゃないかな。

T　ではやってみます。のばしてみると…，40cmになりました。ということは，このゴムＡは，いつでもどのぐらいのびるゴムと言えるかな？

C　2倍にのびるゴム！

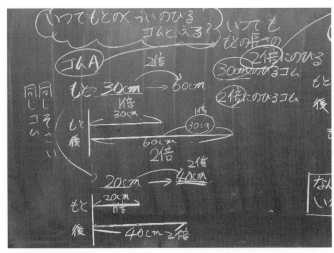

　続いて，ゴムBについて考えます。まずは，もとの長さが10cmの場合，のびた後の長さが30cmになることを示し，次に，もとの長さが20cmの場合ののびた後の長さを予想します。

T　ゴムBのもとの長さが20cmの場合，のばした後は何cmになるかな？

C　40cm！

C　60cm！

T　40cmと考えた人は，どうして40cmになると考えたかわかるかな？

C　もとの長さが10cmのとき，30cmになったから，20＋20＝40で40cmになると考えたと思います。

T　60cmと考えた人は，どうして60cmになると考えたかわかるかな？

C　もとの長さが10cmのとき，3倍にのびて30cmになったから，20×3＝60で60cmと考えたと思います。

T　実際にやってみると，60cmになりました。

C　やっぱり倍で考えた方がいいんだ！

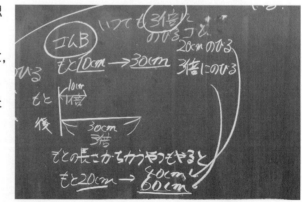

最後に，「ゴムＡとゴムＢのどちらがよくのびるゴムと言えるのか？」と
いうことについて考えます。

T　ゴムＡとゴムＢでは，どちらがよくのびるゴムと言えますか？

C　ゴムＢです。

T　何でゴムＢだと考えたの？

C　ゴムＡは２倍にのびるゴムで，ゴムＢは３倍にのびるゴムだから，２倍
　　と３倍なら，３倍の方がよくのびるからです。

T　ということは，何を比べているのかな？

C　２倍と３倍を比べています。

C　もとの長さが同じなら，のびた後の長さで比べられるよ。

T　そうですね。ということは，もとの長さが違う場合は，何を使って比べ
　　ればいいのかな？

C　倍で比べるといい。

> **数学的な見方・考え方を働かせるための発問②**
> 　授業の最後に，「どちらがよくのびるゴムと言える？」と問うことで，
> 差と倍のどちらを使って比べるとよいかを押さえます。

5　実践のまとめ

　簡単な場合についての割合では，比べ方として，差による比較と倍による
比較があることを理解することが一番大切だと考えます。しかし，せっかく
割合を扱うのであれば，倍で比べた方がよい場面があることを子どもに実感
させたいものです。そのためには，質に着目し，質を比べることに意識を向
かわせる必要があります。そこで「いつでもどのぐらいのびるゴムと言え
る？」ということから導入していく展開は効果的だと考えます。

16個のブロックを使って
広いうさぎ小屋をつくるには？

1 授業の概要

　本時は，面積の導入場面の授業です。うさぎ小屋をつくるという設定で次のような問題を扱います。

> 　16個のブロックを使って長方形のうさぎ小屋のスペースを決めます。どんな形ができますか。

　16個のブロックを使って長方形をつくるということは，まわりの長さが16になるいろいろな形の長方形を考えるということになります。「まわりの長さが一定だから，面積も一定になるのではないか」という子どもの誤概念を引き出し，そこから任意単位の必要性に気づかせていきます。

　まず，16個のブロックに見立てた色画用紙（長方形）を用意し，実際に長方形をつくっていきます。正方形も含めると全部で4種類の形ができます。うさぎ小屋という設定があるため，「極端に細長い長方形はかわいそうだ」という子どもの発言に，どうしてそう思うのかを問い返していきます。すると，広さに関する発言が出てくるので，そこで「本当に広さは違うのか」「違うとしたらどの形が一番広いのか」という問いが生まれてきます。

　既習の広さ比べの方法を振り返りながらいろいろな比べ方を考えていくと，「ブロックの大きさに合わせてマスをつくり，その数を調べたらいい」という面積の考え方が出てきます。そこで，正方形のときが最も大きくなることを確認し，子どもも正方形をつくって確認していきます。その際，大きさの異なる紙をしかけることで，マスの大きさにも目を向けさせていきます。

2 授業のねらい

> 　広さを任意単位を用いて数値化して比べるよさに気づくとともに，普遍単位の必要性に気づくことができる。

　本時では，大きく2つのことをねらいとしていきます。

　1つは，広さ比べの方法として広さを数値化して比べるよさに気づかせることです。そのために16個のブロックを使って4種類の長方形をつくった後，それらの広さを比べる方法を考えます。広さを比べる方法として最初に子どもから出るのは，重ねてみてはみ出した部分で比べるという直接比較の方法です。また，紙などに写し取って比べる間接比較でも比べることができますが，比べる対象が多いと作業が大変です。そこで，「**4種類を比べるとなると大変じゃないかな？**」と問うことで，より簡単な方法でやりたいという気持ちを引き出し，マスを使ってその数で比べると一度に比べられるという数値化のよさに気づかせます。

　もう1つは，普遍単位の必要性に気づかせることです。普遍単位の必要性に目を向けさせるため，子どもに配付する紙のブロックの大きさを2種類用意しました。うさぎをブロックでつくった正方形に置いていくと，うさぎが収まるグループと，収まらないグループに分かれます。「**どちらも同じ16マスなのに，広さが違うのですか？**」と問うことで，ブロックの大きさの違いに着目させます。そこから同じ16マスでも1辺の長さが違ったら大きさが変わってしまうことに目を向け，普遍単位の必要性を感じさせます。

3 問題

16個のブロックを使って長方形のうさぎ小屋のスペースを決めます。
どんな形ができますか。

4 授業展開

　16枚の紙を黒板に提示し，この紙をブロックと見立てて長方形の形を考え
ていきます。また，子どもたちも2人1組にして，ブロックの紙を配付しま
す。その際，列ごとに大きさの異なるものを配付します。

T　この16個のブロックを使って長方形のうさぎ小屋のスペースを決めます。
　　どんな形ができますか？
C　外側と内側どちらを長方形にするのですか？
C　正方形になってもいいの？
T　今回はブロック16個すべて使って内側が長方形になるようにします。正
　　方形になってもいいですよ。

　ペアになって実際に確かめる時間をとった後，どのような形ができたのか
を発表していきます。

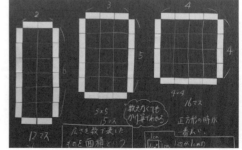

T　どんな形ができたかな？
C　横に2個，縦に6個です。
C　横に3個，縦に5個です。
C　縦と横4個の正方形もできた。
T　他にもあるかな？

C 横1個，縦7個の長方形でもできる。

C でも，これだとかわいそう…。

C 他より狭いと思う。

T どれも16個のブロックを使っているのに，広さは違うの？　どうしたら広さの違いがわかるかな？

> **数学的な見方・考え方を働かせるための発問①**
>
> 　長方形の広さの違いが話題になったところで，どうしたら広さの違いがわかるのか，広さを比べる方法を問い返します。

　広さの比べ方について既習を振り返りながら自分のノートにまとめ，発表させていきます。

C ブロックを重ねて並べて広さを比べたらいい。

C 紙に写して，紙の大きさを比べるといいです。

T 1種類ずつ順番に重ねて調べていく方法ですね。でも，**4種類を比べるとなると大変じゃないかな？**

> **数学的な見方・考え方を働かせるための発問②**
>
> 　既習の考え方の大変さや面倒さを強調することでもっとよい方法を探そうとする姿勢を引き出し，数値化して比べる考え方に迫ります。

C そうか！　もっと簡単な方法があるよ。ブロックのところでマスにして，マスの数で比べたらいい。

T どういうことか，黒板を使って説明できますか？

C こうやってブロックに合わせて線を引いて，マスをつくるといい。

C マスの数で比べたら，4種類でもどれが大きいかすぐにわかる。

「どういうことか，黒板を使って説明できますか？」と問い返すことで子どもは黒板上で線を引いてマスをつくります。マスの数を数えていくとき，ここでもあえて１つずつ数えることで，子どもからかけ算を使うと楽になるという考えを引き出します。

T　最初の長方形は，１，２，…11，12。だから12マスだね。次は…。

C　１個ずつ数えなくてもかけ算を使えばいいよ。

T　どういうこと？

C　横に３つ並んでいるのが５個あるから，３×５＝15で，15マスになる。

T　本当だね。じゃあ，他の形はどうなるかな？

C　４×４＝16

C　１×７＝７で，やっぱり一番小さい！

C　正方形のときが一番広いね。

T　そうだね。このように，広さを数で表したものを「面積」と言います。

　マスの数を数えて正方形が一番大きいことが確認できたところで，子どもたちのペアでも，実際に操作していきます。

T　では，一度手元のブロックを一番広い正方形にしてみましょう。うさぎがかかれている紙を配るので，うさぎが中に入るように置いてみてください。

C　できた！

C　できない…。うさぎがはみ出してしまう。

C　あれ？　正方形の大きさが違うよ。

T　どういうこと？　**どちらも同じ16マスなのに，広さが違うのですか？**

C　一つひとつのブロックの大きさが違うんだよ。

C　ブロックの大きさが違うと，１マスの大きさも違うから，広さが変わる。

C　マスが全部同じ大きさじゃないといけない。

> **数学的な見方・考え方を働かせるための発問③**
> 「どちらも同じ16マスなのに，広さが違うのですか？」と問うことで，ブロック（マス）の大きさの違いに着目させ，1マスの大きさが違うと，同じ数でも広さが変わることから，普遍単位の必要性に目を向けさせていきます。

T　確かにそうですね。面積を表すときは，世界共通の単位として1辺が1cmの正方形がよく使われます。この正方形の広さのことを「1平方センチメートル」と言います。

　　共通の正方形の必要性に気づいたところで，面積には長さと同様，世界共通の普遍単位があることを紹介します。

5　実践のまとめ

　本時は，広さを数値化して表すよさと，普遍単位の必要性に気づかせることをねらいとしました。

　数値化するよさを引き出すために，2つの面積の比較ではなく，4つの面積の比較の場面とし，普遍単位の必要性を引き出すために，大きさの違う任意単位（正方形）が出てくる場面をつくりました。数値化するよさや，普遍単位の必要性は，これまでにも長さの場面で学習してきているので既習と関連づけて考えることができます。また，ここで働かせた見方・考え方は，5年生での体積の学習の際にも働かせることができます。

「そろえる」考え方が使えるのはどんなとき?

1 授業の概要

　本時は,「倍数と約数」の練習問題の時間です。

　数値や文言は各社異なりますが,6社すべての教科書に,次のような問題が載っています。

　縦2cm,横3cmの長方形の紙を,同じ向きにすきまなく並べて,正方形をつくります。

　一番小さい正方形の1辺の長さは,何cmになりますか。

　この問題をそのまま板書すると,すぐに「2と3の最小公倍数を求めればいい」とわかる子もいれば,問題文の意味を理解するのに時間がかかる子もいます。そして,わかった子を指名して,答えを求めて終わりにしてしまうと,わからない子にとっては,「この問題は,最小公倍数を使えばいい」という理解しか得られず,「どんなときに最小公倍数を使えばよいのか」がわからないために他の問題でつまずく可能性が高くなってしまいます。この練習問題を扱ううえで大切なことは,答えを求めることではなく,「なぜ,最小公倍数の考えが使えると思ったのか」という着眼点を議論することです。

　そこで,本実践では,右の写真のように,数値を隠した問題文を提示することから始めました。すると,数値による解決ではなく,与えられた情報から,最小公倍数の考え方の発想に至る経路が導き出されます。

■数の関係への着目

■発展的な考え方

■統合的な考え方

2 授業のねらい

（最小）公倍数の考え方が使える場面について理解する。

　この単元の練習問題やテストでは，「6と8の最小公倍数を求めましょう」などの問題が出題され，答えを求めることは大半の子どもができます。しかし，文章問題になった際に，最小公倍数を使えばよいのか，最大公約数を使えばよいのかなど，どの考え方を用いればよいのかがわからず，解けない子どもが多く見受けられます。その原因として，一つひとつの考え方について，「どの場面で用いたらよいのか」という理解がなされていないままに授業が進められていることにあるのではないでしょうか。

　例えば最小公倍数は，「2つの数をそろえたいとき」に用いることで，考えを進められます。分数の単元における**「通分の考え方」**や，単位量あたりの単元における**「一方をそろえる考え方」**が代表的です。このように，単元のつながりを意識して，その問題に隠されている数学的な見方・考え方を明らかにし，他の場面においても使えるように鍛えていくことが大切です。

3 問題

長方形を同じ向きにすきまなく並べて，正方形をつくります。

4 授業展開

まずは問題の場面を押さえます。

T 今日は，長方形を同じ向きにすきまなく並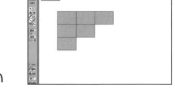
　べて，正方形をつくってみましょう。
C どういうことかな…？
T パソコンの画面で示してみますね。
C なるほど。この長方形の紙は，重ねてもい
　いですか？
T 今回は，重ねずにすきまなく並べることを考えてみましょう。

数値を提示せず，見方・考え方に絞って議論を進めます。

C 長方形の縦と横の長さを教えてください。
T まだ教えません。**これまでに学習したどんな考え方が使えそうですか？**

数学的な見方・考え方を働かせるための発問①
　「どんな既習事項が使えそうか」を問うことで，発想の着眼点に絞っ
て議論を進めます。

C 正方形をつくるには縦と横の長さを同じにしないといけないから…
T ○○くんの発言の続きがわかりますか？
C 縦の長さと横の長さの公倍数を考えれば，できそう。
T 縦と横の長さが同じ正方形をつくるには，**なぜ公倍数の考え方が使える**
　のかな？
C 長さが同じということは，縦と横の長さをそろえないといけないでしょ。
C 縦の長さの倍数でもあり，横の長さの倍数でもある数を探すから，公倍

数の考え方が使えるということだね。

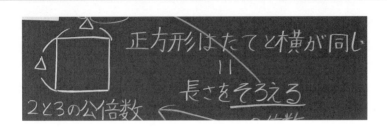

数値を提示して，これまでに議論してきた考え方を確認します。

T　では，長方形の縦と横の長さを教えるので，これまでの話し合いを基に自分で解いてみましょう。

T　縦の長さは 2 ㎝，横の長さは 3 ㎝です。
　（自力解決の時間を設ける）

C　2 と 3 の最小公倍数を考えて，一番小さい正方形として，1 辺の長さが6 ㎝になりました。

T　では，パソコンの画面でも並べてみて，確認してみましょう。

C　確かに，6 ㎝で正方形になっているね。

C　6 ㎝以外にもできるよ。この 6 ㎝の正方形を基にして，それを 4 つ集めれば，12㎝の正方形でもできる。

C　確かに。それだったら…

T　待って！　**「それだったら」**，○○くんは他にも 1 辺が何㎝の正方形がで

きそうだと考えていると思いますか？

C　今度は，12cmの正方形を4つ集めればいいから，24cmもできると思う。

C　12cm，24cmだけでなく，間の18cmの正方形もできるよ。

C　6の倍数だったら，すべてできそうだね。

C　2と3の最小公倍数が6だとわかれば，その6の倍数が，2と3の公倍数にもなるね。

　公倍数の考え方がどんな場面で使えるかを，まとめます。

T　今日の問題では，公倍数を考えることで解決できましたが，**他にどんなときに公倍数の考え方が使えそうですか？**

C　2つの数をそろえて考えたいときに使えそう。

5　実践のまとめ

　数値を隠して提示したことにより，「なぜ公倍数が使えそうか」という話題に絞って話し合うことができました。「そろえるときには，公倍数の考え方が使えそう」という着眼点を押さえたことで，他の場面でも，「そろえたい」という気持ちに駆られた際には，「公倍数が使えるのではないか」とい

う発想につながっていきました。

　例えば，分母も分子も異なる分数の大きさを
比べる授業では，分母をそろえる「通分」の考
えだけでなく，分子をそろえる方法が出てきま
した。2つの考え方を比べることで，分母をそ
ろえる方が，分子の数の大小で分数の大小も判
断できるから便利であることを実感しました。

　混み具合の授業では，右のような数値を提示
して考えてもらいました。AとB，BとCは，
簡単に解決できましたが，AとCを考え始める
と，悩んでいる子がいました。その理由として，
「たたみと人数で，どちらも同じところがない
から」と話してくれました。その悩みに対して，
ある子から「また，そろえればいいよ」という
ヒントが出ると，「公倍数が使えそう」と考え
始めることができました。

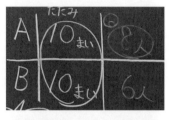

　このように，子どもたちが，数学的な見方・
考え方を働かせられるようにするには，同じこ
とを繰り返していくことも大切です。そのため

に，公倍数の考え方として，「そろえる」ことの大切さを扱った後，その新
しい見方・考え方である「そろえる」という短冊カード（上写真参照）をつ
くりました。この短冊カードは，常に子どもたちから見えるところに掲示し
ておくことで，「あの考え方を使ってみようかな」と意識づけることができ
ます。また，「そろえる」場面が他の問題において出てきた場合は，その短
冊カードを黒板に提示することにより，「公倍数を使ってみよう」という発
想につながっていきます。こうした教室の環境を整えてあげることも重要で
す。

大きいのはどっち?

1 授業の概要

　本時は，分数のたし算とひき算の学習の導入部分で，大きさの等しい分数について考えていく場面です。扱う問題は以下の通りです。

> （2つの分数のうち）大きいのはどっち?

　大きさの等しい分数について，どのような関係があるのかを調べ，この先の約分や通分につなげていくことが目的です。本時では，2つの数を提示し，どちらの数が大きいのか，また，どうしてそう言えるのかを問うていきます。

　最初に提示する数は，「0.65と$\frac{3}{5}$」，次が「$1\frac{1}{5}$と0.8」，そして「$\frac{1}{8}$と$\frac{1}{6}$」，「$\frac{1}{4}$と$\frac{2}{8}$」，「$\frac{3}{12}$と$\frac{4}{16}$」と続いていきます。本時では，ICTを利用して，ルーレット形式で，子どもが「スタート」を押すと数字が回り出し，「ストップ」を押すと数字が止まるという教材を用意しました。ただし，「ストップ」を押したときに出る数値は，どのタイミングで止めても上記の数値が出るようにします。子ども自身が操作できる場面を入れることで「どちらも小数を出したい」といった反応が出てきます。そこで，「どうして?」と，根拠を問う発問をすることで，子どもが働かせている数学的な見方・考え方を引き出していきます。

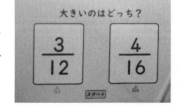

松瀬 仁

KEYWORDS

■そろえて比べる

■演繹的な考え方

2 授業のねらい

> 大小比較の方法を考えていく中で，分数の見方や大小比較の考え方を豊かにする。

　学級の中には，先行知識として約分や通分を知っていて，分数の意味や大きさのイメージをもたず，機械的に分母をそろえようとする子どもがいます。そこで，分母をそろえなくても比べられるいろいろな大小比較の場面から導入していきます。子どもたちは，本単元の前にわり算の商は分数で表すことができるという商分数の学習をしているので，小数と分数の比較から導入します。最初の「0.65と$\frac{3}{5}$」の大きさ比べでは，分数を小数に**そろえて比べる**

考え方を引き出していきます。2つ目の「1$\frac{1}{5}$と0.8」では，「今度は小数にしなくても比べられるよ」といった声が上がります。このような，**1より大きいか，小さいか**という数の見方を共有し，大小比較ができることに目を向けさせていきます。3つ目の「$\frac{1}{8}$と$\frac{1}{6}$」では，**分子がそろっていること**に着目させていきます。数直線図を用いたり，円の図を用いたりしながら，分子がそろっているときは，分母の大小で比べられることを説明していきます。

　このようにして，分数の見方や大小比較の方法を考えてきたところで，「$\frac{1}{4}$と$\frac{2}{8}$」を比較していきます。今度は，そろっている部分がないことで，

図で表したり，小数に直したりといったこれまでのやり方を基に，そろえることで比べられることを意識させ，同じ大きさになることを説明していきます。「$\frac{3}{12}$と$\frac{4}{16}$」の比較でも同様に比べることで，同じ大きさになることを見つけ，さらに$\frac{1}{4}$や$\frac{2}{8}$とも小数や図が同じ大きさになることから共通点やきまりを探していく展開とし，分母をそろえるという次時以降のねらいへとつなげていきます。

3 問題

（2つの分数のうち）大きいのはどっち？

4 授業展開

ルーレットを提示し，本時の課題を説明していきます。

T これからスタートを押すと，数字が回っていくので，みんなにストップをかけてもらって，どちらの数が大きくなるのかを考えてもらいます。

片方ずつストップを押してルーレットを止めていきます。

C 0.65だ。

T では，右側も止めてもらいましょう。

C あー，$\frac{3}{5}$だ。

T **どうして，「あー」って言ったのかな？**

C どちらも小数だったらよかった。

C 分数を小数に変えないといけない。

T 比べるのに小数にしないといけないんだね。では，ノートに書いて，どちらが大きいか比べてみよう。

> **数学的な見方・考え方を働かせるための発問①**
> 　子どものつぶやきや反応を拾い，「どうして？」と問い返していくことで，大小比較のために小数にそろえる必要性を表現させていきます。

T 次に行きますよ。

C 今度は$1\frac{1}{5}$と0.8だ。

C 簡単！　すぐにわかる。

T すぐにわかるという人もいるけど，何かヒントはありますか？

C $1\frac{1}{5}$は帯分数だから1より大きい。

C あっ，本当だ。計算しなくてもわかる。

T じゃあ，どういうことか，代わりにヒントの続きを説明できますか？

C 帯分数は1より大きくて，0.8は，1より小さいから，$1\frac{1}{5}$の方が大きくなる。

　見方・考え方を働かせている子どもにヒントを問うことで，みんなが働かせられるようにしていきます。

T 今度は，$\dfrac{1}{8}$と$\dfrac{1}{6}$ですね。

C イェーイ。わかりやすい。

T これもすぐにどちらが大きいかわかるの？

C 分子がそろっているから，分母を見たらわかる。

T **本当に，そう言えるのかな？**　ノートに説明をまとめてみよう。

C 計算して小数にしてみたら確かめられる。

C 図に表したらわかりやすい。

数学的な見方・考え方を働かせるための発問②
　「本当に？」や「絶対に？」などと問い返すことで，子どもから考えの根拠や，演繹的な説明を引き出していきます。

C 今度は，$\dfrac{1}{4}$と$\dfrac{2}{8}$だ。

C 同じじゃないかな。

　同じになるという発言が出てきたので，また根拠を問います。

T これも本当に同じか説明できる？

C 数直線を使うとできる。

C 使わなくてもできるよ。

C 図で表すとどちらも同じ大きさだよ。

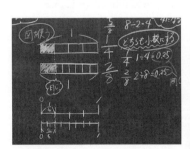

C 分子÷分母で小数にすると，$1 \div 4 = 0.25$，$2 \div 8 = 0.25$で同じになる。

T では，これが最後です。今度は$\dfrac{3}{12}$と$\dfrac{4}{16}$どちらが大きくなるかな？

C これも同じになる。どちらも小数にすると
　　3÷12＝0.25と4÷16＝0.25になる。
C 4つとも同じだ。

　小数に直したことをきっかけに，これまでの2つの数の比較だけでなく，$\frac{1}{4}$や$\frac{2}{8}$との比較に気づく子どもが出てきます。そこで，どのような共通点やきまりがあるかに目を向けさせていきます。

T 4つとも同じってどういうことかな？
C 小数にそろえたら4つとも0.25になっている。
T $\frac{1}{4}=\frac{2}{8}=\frac{3}{12}=\frac{4}{16}$ということですね。
C 分母が全部4の倍数になっている。
C 並べて書いたら分子と分母が比例みたいになっている。
T どういうことかな？
C 分子を2倍，分母を2倍しても大きさが同じで，分子を3倍，分母を3倍しても大きさが同じになっている。

5 実践のまとめ

　本時では，2つの数の大きさを比べる活動を通して，そこで出てくる子どものつぶやきや反応を拾い，「どうして？」と問い返していくことで，子どもが働かせている数学的な見方・考え方に焦点を当てました。また，比較する場面では，基準をそろえたり，基準を基に判断したりすることが大切であることを押さえ，この先の学習でも，ただ機械的に通分をするのではなく，分母をそろえる（単位をそろえる）ことで，大小比較をしたり，たしたりひいたりすることができるという考え方につなげていくよう心がけました。

しぼったジュースは全部で何 mL?

1 授業の概要

本時は，平均の学習の第2時です。扱った問題は以下の通りです。

> 20個りんごが入った箱があります。
> そのりんご1個から取れたジュースの平均は，70mL でした。
> さて，20個から取れるジュースの量は何 mL でしょうか。

教科書にも掲載されている典型的な内容の問題で，平均を使って全体の量を予想する方法を考える問題です。

子どもは，すぐに「70×20＝1400だから，1400mL だ！」と答えを求めます。ここに本時のポイントがあります。

70×20というかけ算の式を立てますが，はたして，本当にかけ算にしてよいのでしょうか？　20個のりんごはすべて大きさが違います。だから，1個から取れるジュースの量も一つひとつ違うのです。

1個から取れるジュースの量が違うのに，かけ算にしてよいのでしょうか？　この問題の場面であれば，りんごから取れるジュースの量がすべて同じでなければ，かけ算にはなりません。

ここに，本時で浮き彫りにすべき数学的な見方があり，数学的な考え方を働かせる場面があるのです。

「本当にかけ算にしてよいのか？」

この質問と向き合い，かけ算の根拠を見つけ出す1時間が本時です。

2 授業のねらい

> 比例を仮定することで，かけ算を使って考えられることを理解する。

かけ算の立式の根拠は比例です。もともと，2年生で学習した際のかけ算の意味は，「（1つ分）×（いくつ分）＝（全部の数）」でした。同数累加と呼ばれる意味です。しかし，5年生の「×小数」の学習において同数累加の意味では不都合が生じます。そこで，比例を使ってかけ算の意味を拡張するのです。

例えば，「1m80円のリボンを2.7m買うときの代金はいくらでしょうか」という問題であれば，「長さと代金は比例するので，長さが1mから2.7mに2.7倍するから，代金も80円から2.7倍になる」と考えて，80×2.7という式を立式します。そこで，かけ算の意味は「基準量×倍＝比較量」という意味に拡張されるのです。

「×小数」の学習の際は，かけ算の根拠が比例になることは意識しますが，かけ算の意味の拡張が済んでしまうと，あまり意識しなくなります。そこで，**かけ算の中の数に着目してその意味を捉えさせ**，根拠を問うていくことで，改めてかけ算の根拠が比例であることに意識を向けさせるのです。

本時では，一つひとつ取れるジュースの量が違うはずのりんご20個から取れるジュースの総量を考える際，70×20という式を立てます。かけ算を立式するということは，りんごの個数とジュースの量が比例すると考えているわけです。しかし，現実ではそういうことは起こりません。では，かけ算で解

けないかというと，そうではありません。この場合は「**比例を仮定してい
る」と考える**のです。「本当は比例しないけれど，比例を仮定すれば，かけ
算になる」ということです。そして，比例を仮定するためには，平均の考え
を使って均す必要があるのです。

3 問題

> 20個りんごが入った箱があります。
> そのりんご1個から取れたジュースの平均は，70mL でした。
> さて，20個から取れるジュースの量は何 mL でしょうか。

4 授業展開

　まずは，ジュースの総量が何 mL になるのか考える場面であることを共
有し，式を考えさせます。

T　全部で何 mL になりそうかな？

C　1400mL です。

T　どんな式で求めたの？

C　70×20＝1400だから1400mL になり
　ます。

C　かけ算ができるということだから，
　数直線がかけるよ。

C　かけ算になるから，比例している。

T　では，数直線をかいてみよう。

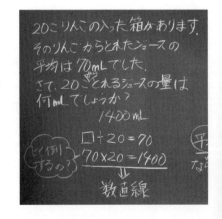

この時点で，すでにりんごの個数とジュースの量が比例することに違和感を覚える子どももいますが，抵抗なく70×20という式で答えを求める子どもが大半です。そこで，数直線をかき，立式の根拠を考えていきます。

T　では，数直線を使って70×20
　　というかけ算になる理由を説
　　明してもらいますよ。
C　mLと個数は比例するので，
　　個数が1個から20個で20倍に
　　なると，mLも70mLから20
　　倍されて，70×20になります。
T　この「70」って何？
C　1個から取れるジュースの量。
T　なるほど，では，20個全部の
　　りんごから，すべて70mLの
　　ジュースが取れるということなんだね？
C　それは違う！
C　でも，バラバラだったら比例しないからかけ算ができないなぁ…。

数学的な見方・考え方を働かせるための発問①

　70×20の中の70に着目させ，70は1個から取れるジュースの量と捉えていることに気づかせます。しかし，現実にはりんごの個数と取れるジュースの量は比例しないため，「どのように考えれば，70×20という式になるのか」ということに課題を焦点化させていくのです。

　現実には70×20という式には表せないので，りんごの個数とジュースの量が比例すると仮定することで立式できることに気づかせていきます。

T では，70×20という**かけ算にする**
　　ためにはどうすればいい？

C 絶対比例はしないけれど，比例す
　　ると思うというか，「比例もどき」
　　みたいに考えるとできると思いま
　　す。

C 比例はしない。でも，かけ算にす
　　るために，個数と mL が比例す
　　ると空想する。

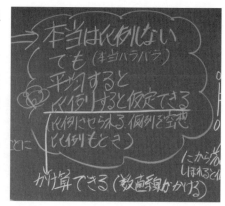

C 平均が70mL なんだから，「全部のりんごから70mL ずつジュースが取
　　れた」と考えればいいんじゃないかな。

T そんな感じですよね。みんなが言う「比例もどき」とか「比例すると空
　　想する」ということなんです。現実にはあり得ないけれど，比例すると
　　考えれば，かけ算になるんです。こういうとき，「比例を仮定する」な
　　んて言います。

数学的な見方・考え方を働かせるための発問②
　「かけ算にするためにはどうすればよいか」という課題を共有します。
この発問で，「比例を仮定する」という考え方を子どもの言葉で引き出
せれば成功です。
　ただし，子どもが止まってしまう場合も考えられます。その場合は，
教師から「比例を仮定する」という考え方を提示し，「比例を仮定する」
ということがどういうことなのかを子どもに考えさせるとよいでしょう。

　最後に，適応問題を解いて，「比例を仮定する」という考え方を使うこと
で，かけ算の式を使えることを確認します。

T　こんな問題は解けるかな？

「この箱のりんごを使って，840mL の
ジュースをつくりたいと考えています。
さて，りんごは何個しぼればよいでし
ょう」

C　1個から取れるジュースの量を70mL
と仮定すれば，70×□＝840になる。
□は840÷70＝12だから，12個しぼれ
ば840mL のジュースができます。

C　でも，12個は本当は怪しい。

T　どうして？

C　個数と mL が比例するとは限らないから。

T　ということは？

C　個数と mL が比例すると仮定して考えれば，12個ということです。

5　実践のまとめ

　本時では，子どもが1個から取れるジュースの量としてあげた「70」とい
う数に着目してその意味を捉えさせ，70×20になる根拠を考えました。そし
て，「かけ算にするためにはどうすればよいか」を問うことで，子どもたち
は自分たちの言葉で「比例を仮定する」という考え方を働かせていき，かけ
算の根拠にたどり着きました。

　また，「840mL のジュースをつくるためにはいくつのりんごが必要か」と
いう適応問題を通して，子どもたちは「比例を仮定する」という考え方を使
い，さらに豊かなものにしていきました。子どもは答えを求めたら考えを止
めてしまうことが多いものです。そこで，「どうしてそう考えたのか」とい
うことを教師が発問することで，数学的な見方・考え方を具現化していくの
です。

どちらのレジャーシートが混んでいる？

1 授業の概要

　本時は，5年生「単位量あたりの大きさ」の導入です。扱った問題は以下の通りです。

A，B，Cのレジャーシートを，混んでいる順に言いましょう。
レジャーシートA…3m²，6人
レジャーシートB…3m²，9人
レジャーシートC…6m²，9人

　まず，AとBを比べます。面積がそろっているので，人数で比べられます。面積がそろっていれば，人数が多いレジャーシートの方が混んでいることがわかります。

　次に，BとCを比べます。人数がそろっているので，面積で比べられます。人数がそろっていれば，面積が狭いレジャーシートの方が混んでいることがわかります。すると，Bが一番混んでいることがわかり，AとCとではどちらのレジャーシートが混んでいるのかが問題になります。

2 授業のねらい

　2つの量がともにそろっていないときは，片方の量をそろえて比べるということの意味を理解する。

加固希支男

■人数や面積の関係への着目
■そろえて比べる

KEYWORDS

　本時で考えるのは，「面積と人数がともにそろっていないときは，どのように比べればよいのか」ということです。場面としては，AとCのどちらのレジャーシートが混んでいるのかということを考えることになります。

レジャーシートA…3m²，6人
レジャーシートC…6m²，9人

　この問題を考える前に，AとBのレジャーシート，BとCのレジャーシートのどちらが混んでいるのかを考えることを通して，「面積がそろっていれば人数で比べられる」「人数がそろっていれば面積で比べられる」ということを経験しています。そのうえで，面積も人数もそろっていないAとCのレジャーシートのどちらが混んでいるかを考えるので，多くの子は**面積や人数の関係に着目して捉え，「そろえて比べる」という考え方**を見いだすことができます。

　面積と人数のどちらかをそろえて比べることができますが，もう片方の量をどのように変化させるのかが問題になります。子どもはあまり意識せずに，面積と人数を比例させますが，「本当に比例させてよいのか」「比例させて増やすとはどういう状態か」といったことを理解しなければ，ただ機械的に解決しているだけで，見方・考え方を働かせているとは言えません。

　数値を比例させるだけでなく，レジャーシートと人間がいる場面を図に表し，操作しながら，「具体的に何をしているのか」について考えていくとよいでしょう。

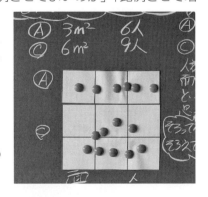

3 問題

A，B，Cのレジャーシートを，混んでいる順に言いましょう。
レジャーシートA…3m²，6人
レジャーシートB…3m²，9人
レジャーシートC…6m²，9人

4 授業展開

まずは，AとBのレジャーシートを比べます。

T　AとBならどちらが混んでいる？
C　広さが同じだからB。
T　ということは，何で比べているの？
C　人数で比べています。
T　どんなときは人数で比べることができるのかな？
C　広さが同じとき。
T　同じ広さなら人数で考えるということですね。

次に，BとCのレジャーシートを比べます。

T　BとCならどちらが混んでいる？
C　人数が同じだからB。
T　ということは，何で比べているの？

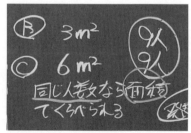

C　面積で比べています。

T　どんなときは面積で比べることができるのかな？

C　人数が同じとき。

T　同じ人数なら面積で比べられるということですね。

数学的な見方・考え方を働かせるための発問①

　人数や面積の関係に着目し，人数や面積で比べられるときについて問い返すことで，「面積と人数のどちらかがそろっているときは，もう片方の量で比べることができる」ことを全体で共有します。

　さらに，どちらかをそろえることで，面積と人数がどちらもそろっていない場合にも，比べることができることに気づかせていきます。

T　AとCなら，どちらが混んでいると言えるでしょうか？

C　Aの面積を2倍すれば6m^{2}になるから，人数も2倍すると12人になる。面積がそろったから，人数が多いAの方が混んでいます。

T　どうして面積をそろえようと思ったの？

C　だって，面積がそろっていれば，人数で比べることができるからです。

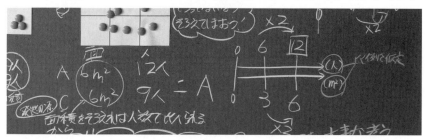

C　私は人数をそろえました。Aは3倍すると18人になるから，面積も3倍すると9m^{2}になる。Cは2倍すると18人になるから面積も2倍すると12m^{2}になる。人数がそろったから，面積が狭いAが混んでいます。

T　どうして人数をそろえようと思ったの？

C　だって，人数がそろっていれば，面積で比べることができるからです。

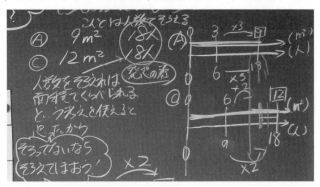

> **数学的な見方・考え方を働かせるための発問②**
>
> 　「どうして○○をそろえようと思ったの？」と発問することで，子ど
> もが「なぜその考え方をしようと思ったのか」という「発想の源」を問
> うています。

　ここからは第2時です。

C　ぼくは1m^{2}に面積をそろえて比べてみました。Aは面積を3でわると
　　1m^{2}になるから，人数も3でわると2人になります。Cは面積を6で
　　わると1m^{2}になるから，人数も6でわると1.5人になります。面積が
　　1m^{2}にそろっているから，人数が多いAが混んでいます。

C　これも面積をそろえているね。

T　いろいろなやり方がありましたが，**すべてに共通しているのは，どんな
　　考え方ですか？**

C　面積と人数のどちらかをそろえて比べるという考え方が共通しています。

T　その考え方が共通して大切だということですね。

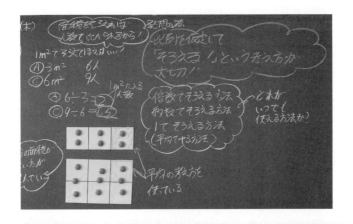

> **数学的な見方・考え方を働かせるための発問③**
>
> 　子どもたちからあげられたいろいろな解法の共通点を問うています。そうすることで，解法の根幹となる考え方（ここでは「そろえて比べる」）を言語化させ，学級全体で共有します。この考え方が，次時以降で問題を解決するときの「発想の源」となっていきます。

5　実践のまとめ

　「発想の源」を問うことで，それぞれの解法の基になる考え方を言語化することができます。そして，様々な解法が出された後，それらの共通点を問うことで，根幹となる考え方を顕在化させることができます。すると，この考え方が，次時以降の問題を解決する際の「発想の源」になっていきます。これを続けていくと，多くの子が，「前のときはこの考え方を使っていたから，今回も使えるかもしれないな」と思いながら自分で問題を解き，新しい発見をすることができるようになっていきます。

【参考文献】

・加固希支男『発想の源を問う』（2019年，東洋館出版社）

ちょうどよい椅子の高さは？

1 授業の概要

本時は，5年生の割合の導入です。扱った問題は以下の通りです。

　身長が120cmの人のちょうどよい椅子の高さは約30cmだそうです。身長が160cmの人にとって，ちょうどよい椅子の高さは何cmでしょうか。

　身長に対する椅子の高さの決め方には諸説がありますが，今回は身長の0.25倍の高さがちょうどよい椅子の高さであることを使って，身長160cmの人のちょうどよい椅子の高さを考えるという問題を扱いました。

　候補として，高さが30cmの椅子，40cmの椅子，70cmの椅子を用意（下の写真）しました。クラスに身長が160cmに近い子どもがいたので，今回の問題場面は，その子どもにとってちょうどよい椅子を選ぶ場面だということを共有して，授業を始めました。

加固希支男

■数への着目
■割合の考え方

KEYWORDS

2 授業のねらい

> 　今までの学習も含め，比べるときは「そろえる」という考え方を使えばよいことに気がつく。

　これまで，二量を比べる場合は**「端をそろえる」「単位をそろえる」などの考え方**を学んできています。そして，単位量あたりの大きさの学習において，異種の二量を使って比べる際は，**「どちらかの量をそろえれば，比べることができる」**ということも学習してきています。

　割合は，同種の二量の関係どうしを比べる学習です。割合の学習を通して子どもに気づかせたいことは，「割合も，今までの比べる方法の１つで，何かをそろえるという考え方は同じだ」ということです。割合は，**「もとにする量を１にそろえる」という考え方**を使って比べているのです。本時であれば，身長の120cmと160cmを，ともに１にそろえ，比べられる量がいくつにあたるのかという数値を使って比べているのです。120cmを１とする場合，30cmが0.25にあたります。よって，同じように，ちょうどよい高さにするためには，160cmを１とした場合，椅子の高さが0.25にあたるようにすればよいということになります。

　割合の学習というと，「比べられる量÷もとにする量＝割合」という求め方を覚えさせ，正確に求められることが目的になってしまうことが多いですが，それでは意味がありません。割合も比べる方法の１つであることを理解させ，「どうすればそろえることができるのか」ということを考えることが

本当の目的なのです。そして，「比べるときは，どんなときも，『そろえる』という考え方を使えば，比べることができるんだ！」と子どもの中に印象づけていくことが重要なのです。そして，これからの学習や生活場面で，何かを比べる際，**「何をそろえれば比べられるかな」という見方**をもてるようにすることが，割合の授業の目的なのです。

3 問題

> 身長が120cmの人のちょうどよい椅子の高さは約30cmだそうです。身長が160cmの人にとって，ちょうどよい椅子の高さは何cmでしょうか。

4 授業展開例

まずは，問題場面を共有します。

T　いろいろな考え方があるんだけど，ある1つの考え方を使うと，身長が120cmの人にとって，ちょうどよい椅子の高さは30cmなんだって。この考え方を使うと，身長が160cmの人にとって，ちょうどよい椅子の高さって，何cmになると思う？　ちなみに，うちのクラスの○○さんが，だいたい身長160cmぐらいです。ここに，高さが30cm，40cm，70cmの椅子を用意しました。この3つの椅子のうち，○○さんにとって，ちょうどよい高さの椅子を考えるということです。

C　○○さん座ってみて（○○さんが3つの椅子にそれぞれ座る）。

C　30cmでは低いし，70cmでは高すぎるから，40cmでしょ。

T　40cmだという人が多いですね。では，どうして40cmと言えるのか，考えてみてください。

自力解決後，どうして身長160cmの人にとってちょうどよい椅子の高さが40cmなのかを説明してもらいました。

　（本学級では，もとにする量を基準量，比べられる量を比較量と呼んでいるため，以下，基準量，比較量という言葉を使用します）

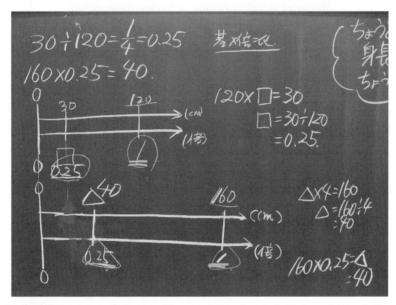

C　数直線でかくとわかるけれど，身長120cmの人の場合，身長の120cmを基準量，椅子の高さの30cmを比較量とします。すると，120cmの0.25倍が30cmになっています。身長160cmの人の場合も，身長の160cmを基準量，椅子の高さを比較量とします。ちょうどよい椅子の高さというのは，身長の0.25倍の高さと考えれば，160cmに0.25倍をかければ40cmということになります。

C　身長の0.25倍が，ちょうどよいということ。

T　これは，**何が同じだと言っているの？**

C　身長の0.25倍が同じということで，それが，ちょうどよい椅子の高さになるということ。

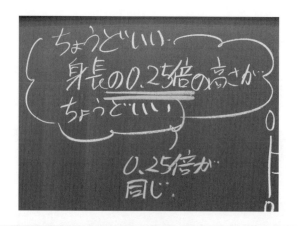

T　身長120cmと160cmの人にとっての，ちょうどよい椅子の高さについて考
　　えるということは，120cmと30cm，160cmと40cmの関係を「比べている」
　　ということなんだけれど，みんなは，**どうやったら比べることができま
　　したか？**
C　比較量が基準量の何倍かを使えば比べられた。
T　そうですね。ということは，何をそろえたかわかるかな？
C　基準量を1にすること？
T　そうです。基準量を1にそろえることで，比べることができたのです。
　　数直線で表すと，こういうことです。

116

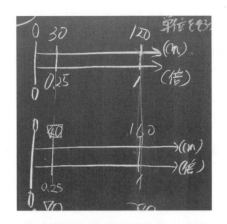

数学的な見方・考え方を働かせるための発問②
　「どうやったら比べることができたのか」を問うことで，子どもの思考を「あくまで比べ方の方法について考えている」という方向に向かせます。そうすることで，割合も比べ方の方法の1つであることに気づかせていくきっかけをつくるのです。

5 実践のまとめ

　本時は「基準量を1としてそろえれば，倍を使って比べることができる」ということまでを理解することが目的でした。次時の学習から，単位量あたりの大きさ等の，比べる方法を考えた過去の学習との共通点にも着目させ，「比べるときは，何かをそろえるという考え方が共通している」ということに気づかせていきました。

　割合は難関単元ですが，割合のことだけを考えていては，理解することは難しいと考えています。割合を比べる方法の1つだと気づかせ，そろえ方に着目させることで，割合という概念を子どもが捉えやすくなると考えています。

答えが１小さくなる
かけ算の式を考えよう

1 授業の概要

　本校では，６年生の子どもに週に１時間程度，中学校での数学を意識した活用の授業を行っています。本時はその実践の１つで，「文字と式」の活用場面として行ったものです。６年生向けに，大きな数値から導入しましたが，数値を変えることで，中学年でも扱えるような教材となっています。

　最初の発問は，以下のように提示しました。

> **答えが１小さくなるかけ算の式を考えよう。**

　これだけでは何をやるかわからないのですが，この後に「60×60」とかけ算の式を提示します。子どもは「3600」と暗算ですぐに答えを出してきます。そこで，「今日は3600より１小さい，答えが3599になるかけ算を探してもらうよ」と本時の課題を明確にしていきます。

　子どもたちは，試行錯誤しながら「3599÷2」「3599÷3」…とわり算を基にしてかけ算になる式を考えたり，「60×60」を基にして近い数字のかけ算を考えたり，一の位に着目して一の位が９になるかけ算を考えたりして，「59×61＝3599」になることを見つけていきます。同様にいくつか問題を解いていくと，子どもたちが，共通点に目をつけて「片方を－１して，もう片方を＋１したらいい」というきまりを見つけてきます。数学では，$x^2-1=(x+1)(x-1)$ という方程式で表される場面です。見つけたきまりがどんなときに成り立つかを数学的な考え方を働かせながら考えていき，６年生で学習した文字を使って式で表せることを学習する１時間となります。

■数への着目

■場面や数値を置き換える

■帰納的な考え方

■演繹的な考え方

松瀬 仁

KEYWORDS

2 授業のねらい

> 数やその関係に着目してきまりを発見し，見つけたきまりがどんなときに使えるかを考える。

本教材は，「文字と式」の単元の活用と位置づけましたが，知識・技能よりもきまり発見による数学的な考え方を育てるためのトピック的な教材です。よって子ども自身の気づきを大切にしながら，授業を展開していきます。

はじめは，3599になるかけ算の式を見つけるにあたり，子どもがどこに着目をして探していくかをヒントという形で取り上げます。ただ，やみくもに試行錯誤する段階から，÷2，÷3…と順を追って捉える，一の位に着目して候補を絞るというように，より意識的に見方を働かせていきます。

いくつかの事例から共通点を見つけ，きまりを発見し，きまりがどのようなときに成り立つのかを明確にしていきます。その活動の中で，きまりが**成り立たない場合と比較する，数値を置き換えても成り立つかどうかを考える**

といった数学的な考え方を働かせ
ている場面を価値づけていくこと
で，意識的に数学的な見方・考え
方を働かせることができるように
していくことをねらいとしていき
ます。

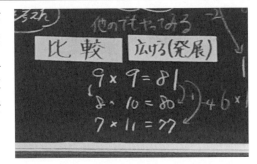

3 問題

答えが１小さくなるかけ算の式を考えよう。

4 授業展開

問題を板書した後，「60×60」の式を提示して，課題を確認していきます。

T この答えはいくつになるかな？

C 3600。

T 3600より１小さい数は，3599ですね。3599が答えになるようなかけ算は，見つけられるかな？

C 見つかりました。１×3599です。

T そうだね。１×3599もできるけど，他にも整数同士のかけ算でできる組み合わせがあります。**何か考えるのにヒントになることはあるかな？**

C 3599の一の位が９だから，一の位が決まりそう。

C できた！ 59×61で3599になります。

> **数学的な見方・考え方を働かせるための発問①**
> 3599になるかけ算を考える場面で，少し自力解決をすると着眼点をもって取り組み始める子が出てきます。そこで，ヒントになりそうなことを問うことで，友だちがどこに着眼しているかを意識させます。

１問目から「きまりがありそう」と考え，１ずつ変わっていることを見つ

120

け出す子どももいるため，その子のつぶやきを取り上げて展開します。

C　かけられる数を1小さくして，かける数を1
　　大きくしている。
T　おもしろいことを見つけたね。**そんな偶然が**
　　あるんだね。
C　偶然じゃない！　例えば，4×4＝16で，3
　　×5＝15だから，1小さくなる。

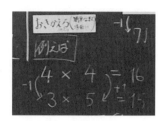

> **数学的な見方・考え方を働かせるための発問②**
> 　1つの事例に対してきまりを発見したときに，あえて「偶然だね」と
> 問い返すことで，「例えば…」や「他にも…」といった，場面や数値を
> 置き換える考え方や帰納的な考え方を引き出して価値づけていきます。

　他の数値でも成り立つことを確かめられたので，きまりが成り立たない場
面についても検証しようとしたところ，子どもから1小さくならないときが
あるという発言が出てきたので取り上げていきます。

C　1小さくならないときもある。
T　どういうこと？
C　3×5で考えると，3×5＝15だけど，2
　　×6＝12になっちゃう。
C　わかった。最初の数が同じじゃないとダメ
　　だと思う。

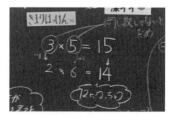

　最初のかけ算の式に注目して比較することで，同じ数のかけ算で始めない
といけないことを見つけました。1問提示しただけで，自分たちで意見を出

し合い，平方数のかけ算のきまりを見つけていったのです。そこで再度，用意していた72×72の計算を提示し，見つけたきまりを整理します。

T　では，72×72の場合で確認してみよう。

C　71×73するとやっぱり1小さくなった。

T　じゃあ，同じ数のかけ算にはどんなきまりがあると言えるのかな？

C　かけられる数を1小さくして，かける数を1大きくすると，積は1小さくなる。

C　かけられる数とかける数は逆でもいい。

C　「きまりはっけん」のカードが貼れる！

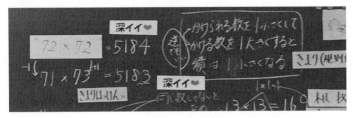

　きまりについてまとめたところで，新たに子どもの気づきが出てきたので取り上げていく。

C　最初の式が偶数ばかりだけど，奇数でもできるのかな…？

T　本当だね。**どうしたら確かめられるかな？**

C　実際にやってみたらいい。13×13＝169で考えると…

> **数学的な見方・考え方を働かせるための発問③**
> 　予想したことが正しいかどうか，操作での確かめや，演繹的な考え方に意識を向けさせるための発問です。ここでは，図を用いた演繹的な説明ではなく，実際に奇数を入れて確かめるという展開となりました。

C　12×14＝168になります。

C　8×21でも168になります。

T　今日これまでに確認した偶数では，「×1」以外には1つしか式がなかったけど，数によっては，他のかけ算で表すこともできるのですね。

C　1ずつだけじゃなく，2ずつずらしてみたら，4小さくなった。

T　どういうことかな？

C　13×13＝169で11×15＝165だから4小さくなっている。

C　1ずつだったら1×1＝1で，2ずつだったら2×2＝4だから4小さくなるのだと思う。

　　見つけたきまりから，文字 x を使うとどんな式で表すことができるのかを確認し，これまでの学習を振り返る。

T　今日，みんなが見つけた計算のきまりを文字 x を使って表してみよう。

C　$x \times x - 1 = (x-1) \times (x+1)$，$x \times x - 4 = (x-2)(x+2)$

T　今日の学習で，深いなと印象に残ったところはどこでしたか？

5　実践のまとめ

　6年生ということもあり，自分たちでどんどんきまりや疑問を見つけ，それを発展させて考えていく姿が見られました。また，本学級は担任の森勇介先生が日々の授業の中で「数学的な見方・考え方」をカード化して，子どもが使えるようにしたり，子ども自身が深い学びだと感じたところにカードを貼ったりするなど，「数学的な見方・考え方」を大切にした授業をされているので，「ここでは，こんな見方や考え方を使っている」と子どもたち自身でも価値づけていくことができるように育っていました。

　改めて，「数学的な見方・考え方」を子ども自身に意識させていくことの積み重ねが大切であることを感じられた授業でした。

バランスのよい形はどれかな?

1 授業の概要

本時は6年生の対称な図形です。

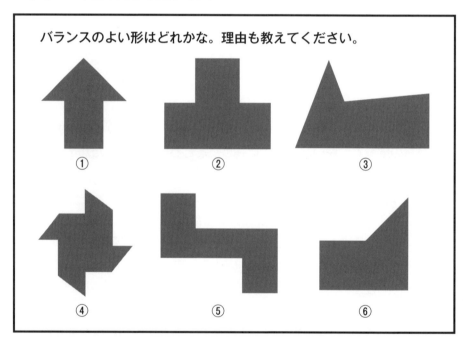

バランスのよい形はどれかな。理由も教えてください。

①　②　③

④　⑤　⑥

　上のように6つの図形を提示して，「バランスのよい形はどれかな?」と問いかけます。一気に出すのではなく，1つずつ提示していくことで，「バランスのよい形とは何か」ということを少しずつ考えさせていきます(提示する順番は，上記の番号の通りです)。

　「バランスがよい形はどれか」という抽象的な発問ですが，子どもは自然

に対称な図形を選びます。なぜなら，理由を説明するには，どうしても対称という観点に沿って答えざるを得ないからです。

　本時は「バランスのよい形」の中にも，２つの種類（線対称な図形と点対称な図形）があることに気づくまでを目指した１時間としました。

2　授業のねらい

> 感覚的に選んだ「バランスがよい形」について，その理由を筋道立てて考え，説明する。

　最初から線対称な図形と点対称な図形に仲間分けをするよりも，「バランスのよい形」という，日常的に使われている言葉を基に考えていく方が，対称な図形に対する子どもの見方・考え方をより豊かにできると考えました。

　６年生にもなると，子どもの中でも「バランスのよい形」のイメージをそれなりにもっており，それを前ページに提示した６つの形を通して言語化するのです。言語化しようとすると，自然と**「対称」という観点で図形に着目**していきます。

　最初，線対称な図形を見せることで，「折るとぴったり重なる」ということが「バランスのよい形」の理由だと考えます。しかし，点対称な図形を見せると，その理由に違和感を覚えます。子どもは，点対称な図形も「バランスのよい形」だと感じるのです。そこで，点対称な図形と線対称な図形に共通するところを問うことで，**「異なるものから共通することを探す」**という

考え方を働かせます。こうして，共通している理由が「同じ形に分けられる」ことであると気づきます。共通点を考えるからこそ，相違点にも気づいていくことができます。そして，「バランスがよい形」は2種類あることにも気づき，線対称な図形と点対称な図形を分けることができるのです。

3 問題

バランスのよい形はどれかな。理由も教えてください。

4 授業展開例

まずは，右の図形を提示します。

T いくつか形を用意しました。1つずつ見せますので，「これはバランスのよい形だ！」と思ったら手をあげてください。そして，なぜバランスのよい形だと思ったのか，**理由も教えてください**。では，1つ目の形はこれです。

C バランスのよい形だと思います！　だって，家みたいな形になっているからです。

T 家みたいな形だと，みんなバランスがよいのかな？

C きっと，これは折ってみるとぴったり重なるから，バランスがよいのだと思います。

T では，折ってみましょう。

C 本当だ！

T では，次の形を出しますよ。次の形はこれです。

C これも折ってみたら，ぴったり重なりそう。

T では，だれかやってみてください。

C （みんなの前で折ってみる）やっぱり重なった！

C ということは，「バランスのよい形」というのは，折ったらぴったり重なる形のことなんだ。

> **数学的な見方・考え方を働かせる発問①**
> 子どもの中に「バランスのよい形」についてのイメージはありますが，それは感覚的なものに過ぎません。そこで「理由も教えてください」と問いかけることで，感覚的に判断していたことを，言語化する必要が生じ，自然と「対称」という観点で図形に着目していきます。数学的な見方・考え方を豊かにするには，それらを言語化させることが大切です。

　線対称な図形を2つ見せ，実際に操作させることで，折ったらぴったり重なる図形が「バランスのよい形」であることを共有しました。

　さらに，対称な図形ではない形を見せることで，折ったらぴったり重なる図形が「バランスのよい形」であることを印象づけます。

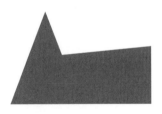

T この形はどうでしょうか？

C これは，折ってもぴったり重ならないから，「バランスのよい形」とは言えません。

　続いて，点対称な図形を提示します。そうすると，それまで「バランスのよい形」の根拠であった，折ったらぴったり重なるということでは説明できない場合が出てくることに気がつきます。

T 次はこの形です。

C 「バランスのよい形」だと思う。

C でも，折ってもぴったり重ならないと思うよ。

C 折ってもぴったり重ならないけれど，やっぱり
「バランスのよい形」ではあると思うなぁ…。

T 折ってぴったり重ならなそうだけど，これも
「バランスのよい形」だということ？　では，
これまでの「バランスのよい形」と共通するところは何だろう？

C この形を切ってもいいですか？

T いいですよ。

C やっぱり！　この形は，切ってみると同じ形に分けられます。さっきの
2つの「バランスのよい形」も，切ってみると，同じ形に分けることが
できるので，切って同じ形に分けることができるのが「バランスのよい
形」ということだと思います。

数学的な見方・考え方を働かせる発問②

　線対称な図形と点対称な図形を見比べて「これまでの『バランスのよ
い形』と共通するところは何だろう？」と問うことで，「異なるものか
ら共通することを探す」という考え方を働かせます。これは，算数の学
習において大変重要な考え方です。様々な問題の解き方から共通点を探
し，公式を見つけるときなどは，まさに「異なるものから共通すること
を探す」という考え方を使っているのです。この場合は，対称な図形の
共通点を探すことで，合同な形が対称な図形の根拠になっていることを
表面化させるのです。

　この後，点対称な図形を1つ，対称な図形ではない形を1つ，それぞれ提
示します。そのうえで，「バランスのよい形」を2種類に分け，線対称な図
形と点対称な図形という言葉を押さえます。

T 先ほどから気づいている通り，「バランスのよい形」には２つの種類が
ありますね。

C この２つ（上段）とこの２つ（下段）に分けられると思います。

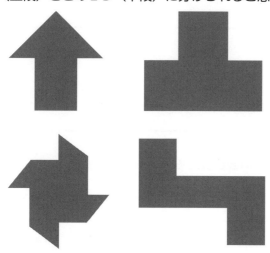

T それぞれ，どんな形になっていますか？

C 上の２つは，中心の線で折るとぴったり重なる形です。

C 下の２つは，回すとぴったり重なる形です。

T 何度回すとぴったり重なるかわかりますか？

C 180°！

T 上の２つのような形を「線対称な図形」と言い，下の２つのような形を
「点対称な図形」と言います。

5 実践のまとめ
....

「『バランスのよい形』とは何か」を問うことで，子どもが感覚的に捉えて
いることを言語化しました。そうすることで，「異なるものから共通するこ
とを探す」という考え方を働かせることができました。感覚を言語化するこ
とは，算数の学習の様々な場面で使える方法です。

分数×整数の計算の仕方を考えよう

1 授業の概要

本時は，分数のかけ算の導入の授業です。扱った問題は以下の通りです。

> 1dL で $\frac{2}{7}$ m² の板を塗れるペンキがあります。
>
> このペンキ3dL では，何 m² の板を塗ることができますか。

分数のかけ算の導入として教科書でもよく見られる問題です。分数の計算の仕方については，先行学習で知識として知っている子どもも多く，ややもすると，知っている子どもが計算の仕方を発表して，そのやり方を覚える展開になってしまいがちです。

そこで，本実践では，最初から問題のすべての数値を与えるのではなく，1dL で塗れる面積を□として（隠して）提示します。当然「□のままでは答えが求められない」という言葉が子どもから出てきます。そこで「□に何が入ったら簡単に計算ができそうかな？」と問い返すことで，子どもは，「1」「整数」など，既習の簡単に計算ができるような数をあげてきます。

教科書でも，単元に入る前の既習を振り返る場面として，これまでのかけ算の問題が用意されているページがあります。ねらいとしては同じですが，教師側から意図的に問題を与えて振り返らせるのではなく，子どもから簡単な場面を出させることで，分数のかけ算もこれまでに学習してきた整数のかけ算や小数のかけ算と同じように考えられることに気づかせ，単位についての考え方を意識させていく1時間となります。

松瀬　仁

■共通点への着目

■単位の考え方

KEYWORDS

2 授業のねらい

> 既習のかけ算と「分数×整数」のつながりに気がつく。

　分数×整数の授業をすると,「分子と整数をかける」「整数を$\frac{\bigcirc}{1}$にして,分母同士,分子同士をかける」のように,理由はわからないけれど,計算の形式だけは知っているという子どもがいます。そういった子の多くは,「これまでの整数や小数のかけ算と,分数のかけ算は別物の計算」と考えています。確かに,分数の計算には,これまでの整数や小数と違って,分子と分母が出てくるので別物として見てしまいがちですが,ここで大切にしたいのは,**同じかけ算と見て**,そのうえで計算の仕方を考えていくことです。そのためにポイントになるのが**「何を基準にして考えるのか」という「単位の考え」**です。

　本時では,□に入る数として,最初に2を入れて,整数×整数の場面から考えていきました。子どもから「簡単！」という声が上がります。次に「□が0.2だったらどうかな？」と問いかけます。ここでは,子どもから「さっきとほぼ同じ」という発言を引き出します。**「2×3」と「0.2×3」を小数点の位置の違いに注目しながら同じ計算と見られる**のは,**基準の大きさを意識して計算を考える単位の考え**を働かせることができているからです。

　整数と小数のかけ算で「単位」の考えを働かせることができることを押さえてから「□が$\frac{2}{7}$だったら」という場面を提示し,分数×整数の場面でも同じように単位の考えを働かせることができないか考えていきます。

3 問題

> 1 dL で□ m² の板を塗れるペンキがあります。
> このペンキ 3 dL では，何 m² の板を塗ることができますか。

4 授業展開

　□がわからないと答えが求められないという言葉を出させ，簡単な場面から考えていくようにします。

T　では，この問題を考えてみよう。

C　□のままでは答えが求められない。

T　□に何が入ったら簡単に計算ができそうかな？

C　1 だったら一番簡単。

C　整数でも簡単にできる。

T　では，□が 2 だったらどうなるかな？

C　2 × 3 = 6 です。「1 dL で塗れる面積」×「いくつ分」をしたらいい。

T　では，少し難しくして，□が 0.2 だったらどうかな？

C　0.2 × 3 = 0.6。

C　ほぼほぼ同じ。

T　「同じ」というのは，どういうこと？

C　さっきの答えを $\frac{1}{10}$ にするだけ。

C　0.2 は 0.1 が 2 個だから，0.2 × 3 は 2 × 3 = 6 から 0.1 が 6 個って考えると使っている計算は同じ。

□に$\frac{2}{7}$を入れ，分数×整数の場面の立式を考えていきます。

T　では，□が$\frac{2}{7}$だったらどうですか？
C　今度は分数だ。
T　□が分数になっても同じようにかけ算になるのかな？
C　問題は変わってないから分数のかけ算になる。
T　数直線を使って説明できるかな。
C　できます。ペンキの量が３倍になるから，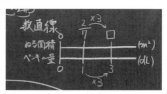
　　塗る面積も$\frac{2}{7}$の３倍になる。

数直線で立式を確認した後，$\frac{2}{7}$×３の計算の仕方を考えていきます。

T　では，$\frac{2}{7}$×３の答えを求めるには，どうしたらよさそうかな？
C　小数にして考える。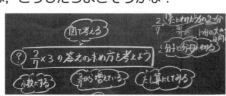
C　図を使って考える。
C　分子と分母にかける。
C　たし算にして考える。
T　いくつか案が出てきたね。
　　少し時間をとるので，どのやり方でできそうか考えてみよう。

それぞれに解決の見通しをもたせて，自力解決の時間をとります。

C　小数で考えようとしたけど，2÷7はわりきれないから小数になおすのは無理だった。

T　分子と分母にかけるという意見も出ていたけど，どうですか？

C　分母を7×3にして，分子を2×3にして考えた。

C　でも，それだったら分母が変わってしまう。

C　$\frac{2}{7}$は1を7個に分けた2つ分で，それが3つあるということだから1つ分の大きさは同じはず。

T　図で考えたという人はどのように考えたの？

C　1m^{2}を7つに分けて，そのうちの2つを1dLで塗れるから，3dLだと6個分になるはず。だから$\frac{2}{7}$×3＝$\frac{6}{7}$になる。

C　たし算で考えても，$\frac{2}{7}$×3＝$\frac{2}{7}$＋$\frac{2}{7}$＋$\frac{2}{7}$で$\frac{6}{7}$になる。

T　$\frac{2}{7}$×3の答えは，$\frac{6}{7}$になるのですね。では，今回のように分数×整数の計算をするときにはどうやって計算していくとよいかまとめられるかな？

C　$\frac{1}{7}$が2つあるのが，3つ分と考えたらいいから，分母は7のままで，分子は2×3を計算したらいい。

T　分数×整数の計算は，分子と整数をかけると計算ができるのですね。

　これまでの計算を振り返り，分数にも単位の考えが使えることを確認していきます。

T 今日考えてきた計算で，共通していることはあるかな？

C どれも，2×3が入っている。

C 2×3は同じで，1をもとにするか，0.1をもとにするか，$\frac{1}{7}$をもとにするかが違う。

T もとにする単位が違うだけで，整数も小数も分数も同じ計算を使って考えることができるのですね。

> **数学的な見方・考え方を働かせるための発問②**
> 　「今日考えてきた計算で，共通していることはあるかな？」という発問で，今回の計算を振り返り，整数や小数だけでなく，もとにする単位が分数になっても同じように考えて計算ができることを押さえます。

5 実践のまとめ

　整数や小数の計算では，「単位の考え」を働かせて計算を考えることができますが，分数の計算になると計算の形式ばかりに意識が向いてしまい，方法の暗記になってしまう子どもが多いことから本時の授業を考えました。

　□を使って整数のかけ算，小数のかけ算を振り返り，「単位の考え」を働かせていることを意識させることで，分数のかけ算になったときに，同じように「単位の考え」を分数にも拡張していけることを意識させることができました。

　このように，高学年ではこれまでに学習してきたことを生かして数学的な見方・考え方を高めていけるとよいと考えます。

ドーナツ型の面積の変わり方の きまりを調べよう

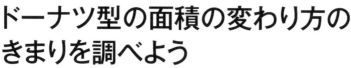

1 授業の概要

　本時は，円の面積の活用場面として，中心に穴の開いたドーナツ型の面積を題材にきまりに目を向けていくことをねらいとした授業です。最初に提示した問題は以下の通りです。

> どちらも幅が3cmのドーナツ型の図形です。どちらの方が面積が大きいでしょう。
>
> A　　　　B

　上のように，中心に穴の開いた2つのドーナツ型の図形を提示して，どちらの面積の方が大きそうかを尋ねます。

　拡大したものを黒板に提示し，予想していくと，「Bの方が大きくなりそう」という声や，「同じ面積になりそう」という声が出てきます。

　「面積を出すのに他の長さも知りたい」という声が出てくるので，穴の直径を伝え，この条件を使って面積を求めていきます。

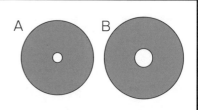

　実際に面積を計算すると，Bの図形の方が面積が大きくなることがわかります。そこで，幅が3cmという条件を変えずに，中心の穴の直径を3cmにしたドーナツ型を提示し，同様に面積について考えていきます。今度は，どちらが大きくなるかではなく，どれだけ大きくなるかを考えることできまりに目を向けていきます。

2 授業のねらい

> 　円の面積の求め方を活用してドーナツ型の面積を求めるとともに，面積の変わり方のきまりを見つける。

　円の面積は，円を半径で細かく分けて平行四辺形などの既習の図形に並べ替えたり，トイレットペーパーの断面のように捉えて半径で切って開くと二等辺三角形になる様子をイメージさせたりして，公式へと導いていきます。

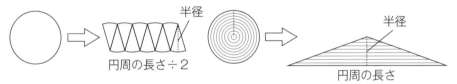

　一方で，公式を導いた後は単純な反復練習になりがちです。そこで，本時では，円の面積の練習の中に，子どもが数学的な見方・考え方を働かせる場面を加えていきます。

　まず，ドーナツ型の面積を求めるにあたり，**図形の関係に着目させ**，外側の円から内側の円をひけば面積を求められることに気づかせます。その後，ドーナツ型の幅にあたる3cmは変えず，中心の円の穴の直径を3cm，4cmと変えていくことで，計算しなくても面積を求められるという意見を引き出し，その意見を全体に問い返すことで，全員が**類推的な考えを働かせ**，どれも3の倍数×3.14になっているというきまりに気づかせていきます。

3 問題

どちらも幅が3㎝のドーナツ型の図形です。どちらの方が面積が大きいでしょう。

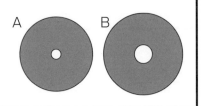

4 授業展開

AとB，2つのドーナツ型に切った画用紙を提示します。

T AとBの2つの図形があります。

C 穴が開いてる。ドーナツみたい。

T このドーナツ型の面積はどちらも幅が3㎝になっていますが，中心の円の穴の大きさが違います。どちらの方が面積が大きいと思いますか？

どちらの面積が大きいか予想していきます。

C Bの方が大きくなりそう。

C でも，穴も大きくなっているから，どちらも同じ大きさかもしれない。

T どうするとどちらの面積が大きいか確かめられるかな？

C 中心の円の穴の長さも教えてほしい。

予想とその根拠を聞きながら，確かめるために中心の円の穴の長さが知りたいという意見が出てきたところで，直径がそれぞれ1㎝と2㎝であることを伝えます。

T **この条件だけでは求められないよね？**

C えっ，求められるよ。

C 大きい円と小さい円の半径がわかるからひけばいい。

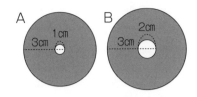

数学的な見方・考え方を働かせるための発問①

　あえて条件不足を匂わせる問い返しをすることで，全員が立ち止まって考える場面をつくり，着目すべき図形の関係に気づかせます。

　求め方の筋道が見えたところで，自力解決の場面を設け，面積を計算していきます。ここで，机間巡視しながら，計算の工夫を価値づけていきます。

C 計算が面倒。

T どんな式になったのかな？

C Aは，3.5×3.5×3.14－0.5×0.5×3.14。

T 確かにこのまま計算すると大変だね。何かいい方法はあるかな？

C 計算の工夫が使える。

C どちらにも×3.14があるから×3.14は後からかけたらいい。

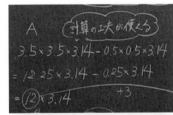

T よく気づいたね。計算の工夫を使って，×3.14は後にすると計算が少し楽になりますね。では，最後の×3.14の前まで計算してみよう。

C Aは，12×3.14になった。

C Bは，4×4×3.14－1×1×3.14だから，15×3.14になる。

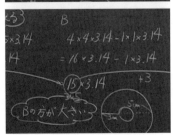

T どちらの方が面積が大きくなるのかな？

C Bの方が大きくなる。

Bの面積の方が大きくなることを確認したところで，幅は変えず，中心の円の穴の直径を1cm大きくしたドーナツ型の図形Cを提示します。

T　では，今度は幅の3cmは変えずに，中心の円の穴の直径を3cmにします。面積はどうなるかな？

C　もっと大きくなると思う。

T　では，Bよりどれくらい大きくなるかな？

C　計算してみないとわからない。

　AとBの比較から，CはBよりも大きくなるという予想が出てきたところで，今度はどれだけ大きくなるかという課題を投げかけてCの面積を考えていきます。

C　4.5×4.5×3.14－1.5×1.5×3.14だから，18×3.14。

C　3×3.14だけ大きくなっている。

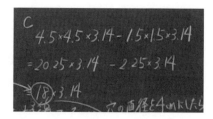

　ここで，早くもAの図形も含めてきまりに気づく子どもが出てきます。一方で，まだきまりに気づいていない子どももいるので，全員がきまりに目を向けられるように，さらに問いかけていきます。

T　では，さらに穴の大きさを1cm大きくして，穴の直径を4cmにしたら面積はいくつになるかな？

C　計算しなくてもわかるよ！

T　**計算しなくてもわかるんだって。どうしてだろう？**

C　12，15，18って3ずつ大きくなっている。

C　たぶん，21×3.14になるね。

T　なるほど，**これまでの変わり方から予測できるんだね。**

C　全部３の倍数になっているね。

T　Aは，３×４，Bは３×５，Cは３×６。３ってどこかに出てきたね。

C　ドーナツの幅が３cmだった。

T　じゃあAの図形で４になる部分はある？

C　幅と中心の円の穴の直径をたすと４cm。

T　どの図形も幅の長さ×残り（幅＋中心の円の穴の直径）×3.14になっているね。

T　じゃあ，中心の穴が０cmの場合はどうなるかな？

C　幅が３cmで残りも３cmだから３×３×3.14で円の面積と同じになる。

5　実践のまとめ

　本時では，円の面積の活用場面としてドーナツ型の面積を扱いました。ドーナツの幅の長さを固定して，中心の円の穴の直径の長さを１cmずつ変えた図形を比較していくことで，面積を求める目的をもたせていきました。また，面積を出して終わりではなく，それぞれの面積の変わり方に着目し，きまりを見つけることで，その先が計算しなくても予測できるなど，きまりを見つけるよさにも触れさせることができました。本時では，最後に時間がなくなり教師側から誘導する展開になってしまいましたが，子ども自身が穴の直径の長さを変えて考えてみたり，幅の長さを変えて考えてみたりして，条件を決めながらきまりを探究していく力をつけていけるとよいでしょう。

2つの1は同じ？　違う？

1　授業の概要

6年生の「場合の数」の問題です。

> □，1，2，3の4つの数字から3つ選んで，3桁の整数をつくります。全部で何通りの整数ができるでしょう。

これは単元末に扱った問題で，すでに並べ方や組み合わせ方の学習をしているので，子どもは樹形図などを使って，問題を形式的に解こうとします。

まず，□に0を入れたとき，形式的に解こうとする子どもは，百の位に0，1，2，3のすべての数字を入れ，24通りと答えを出します。しかし，「3桁の整数」という問題の条件を踏まえると，百の位に0を入れた場合は整数にならないことに気がつきます。このときに，「条件を考える必要がある」ということをクラスで共有するのです。

次に，□の中に1を入れます。ここで，子どもは1が2つになったことに戸惑います。通常，選択肢が重なるような問題は小学校では扱いません。ですから，多くの子どもにとっては，こういった問題に出会うのははじめてのことなのです。

2つの1を同じと考える子どもと，違うと考える子どもがいます。それぞれの1の扱い方によって，答えが変わってきます。どちらが正しい答えかというよりも，「私はこうみた」「ぼくはこう捉えた」という子どもなりの見方を共有することに重きを置いて授業を展開します。

■条件への着目

KEYWORDS

2 授業のねらい

> 組み合わせ方を考える際，問題の条件を考えたり，自分で条件を決めたりして答えを考える。

　最初に，□，1，2，3の□に0を入れたとき，012という答えが正しいのかどうかを考えさせます。そして，「それでは3桁の整数にならないからダメだよ」という理由をみんなで共有し，**「条件に着目して答えないといけない」**ということを理解させます。授業の導入において，ただ樹形図を使って何通りかを出すだけでは正解できないことを意識させるのです。

　そのうえで，□の中に1を入れて，1，1，2，3で3桁の整数を考える問題を提示します。子どもは2つある1をどのように扱うかを悩みます。試行錯誤しながら，1をどのように扱うのかを子どもが自ら考え始めます。

　1が2つあったとしても，数字としては同じなので，入れ替えても同じとみる必要があります。例えば，311というとき，2つの1を別々のものと考えると，311は2通りできます。しかし，十の位の1と一の位の1を入れ替えても同じ整数になるので，同じとみる必要があるのです。

　本時では，このように正しい答えを導き出すことよりも，それぞれの子どもが自分なりに**2つの1をどのように捉えるのか**を考えることに価値を置いて授業をしました。

　1を同じとみるか，違うとみるかによって，答えは変わってきます。そこで，子どもなりに「1をどうみたのか」ということを表現させ，「条件が変

わると，答えが変わってくる」ということを経験させます。

3 問題

┌───┐
│　□，１，２，３の４つの数字から３つ選んで，３桁の整数をつくりま │
│す。全部で何通りの整数ができるでしょう。 │
└───┘

4 授業展開例

　まずは，□の中に０を入れます。

T　どんな３桁の整数ができますか？　だれか１つ言ってもらえますか？

C　１２３

T　そうですね。そういうことです。そうやって３桁の整数をつくっていく
　　と，全部で何通りの整数ができるかな？
　　（各自で考える）

C　24通りできました。

C　えっ，18通りだよ。

T　２通りの答えが出ましたね。どちらが正しいのでしょうか？

C　きっと，24通りと考えた人は，百の位に０を入れた場合も数えていると
　　思います。例えば，０１２とか。

T　**どうして０１２というのはダメなの？**

C　だって，百の位に０が入っていたら，３桁の整数になりません。

C　もし小数なら0.12って考えてもいいけれど，この問題は，３桁の整数を
　　考えるという問題なので，百の位に０を入れるのはダメです。

T　そうですね。そういったことを「問題の条件」と言います。この問題で

あれば，「3桁の整数」ということです。

C　だから，百の位にまず1を入れて考えて，次に百の位に2，最後に百の位に3を入れて考えていけば，18通りということがわかります。

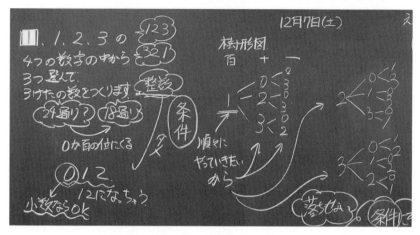

　次に，□に1を入れて，1，1，2，3の4つの数字から3つの数字を選んで3桁の整数をつくるという問題を考えます。

C　1が2つになったけれど，これは同じ1なのかな…？

C　でも，別々の1だから，同じではないのではないかな…？
　（各自で考える）

C 12通りだと思います。

C えっ，24通りじゃないの？

T では，まず12通りの理由から聞いてみましょう。

C 百の位に1，2，3をそれぞれ入れて書き出すと12通りになります。

112	211	311
113	213	312
121	231	321
123		
131		
132		

C でも，1が2つあるんだから，それぞれ別の1とみた方いいと思います。
さっきの12通りのものにつけ加えると24通りになります。
（グレーの部分の数がつけ加えたもの）

112	112	211	311
113	113	213	312
121	121	211	311
123	123	213	312
131	131	231	321
132	132	231	321

T 24通りのときは，1をどのようにみているのですか？

C 別々の1とみています。

T 12通りのときは，1をどのようにみているのですか？

C 同じ1とみています。

数学的な見方・考え方を働かせる発問②
　「○通りのときは，1をどのようにみているのですか？」と問うこと
で，12通りと24通りと答えた子どもが，それぞれどのように1を扱った
のかが浮き彫りになります。そして，問題の条件の捉え方の違いによっ

146

て，答えが変わってくることに気づかせるのです。

　もし，「1をどのようにみているのですか？」という問いが抽象的で子どもに伝わらない場合は，「2つの1を同じとみているのか，違うとみているのか，どちらですか？」と問うてもよいでしょう。

　最後に，本時の学習を振り返り，条件に着目することが大切であることをまとめ，授業を終えました。

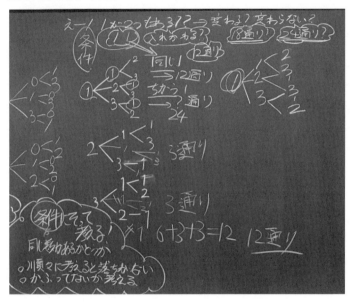

5　実践のまとめ

　子どもは，ひとたび問題の解き方を覚えると，形式的に解こうとしてしまいがちです。そこで本時は，問題の条件に着目したり，自分で条件を決めたりすることで，「今何を考えているのか」という意味を自覚させながら問題を解く経験を積ませました。

星型をプログラミングで
つくるには?

1 授業の概要

　本時は，5年生で扱うプログラミングの教材として紹介されている正多角形の作図の授業を活用させた場面として，6年生と行った実践です。

　扱ったのは，子どもから出てきた以下の問題です。

星型の図形をプログラミングでつくるには，どうしたらいいか?

　まずは，既習の正多角形のプログラムを振り返り，回転した角度と，繰り返した数（角の数）に着目して，正□角形だとしたら何度回転させるとよいかを考えることで，正多角形のプログラムについて一般化します。

　その後，子どもが考えてみたいといっていた星型のプログラミングについて考えていきます。はじめに考えた星型は正五角形を基にした右のようなものです。子どもたちは，正五角形のときのプログラムを基にして，星型五角形のプログラムを考えていきます。

　星型五角形のプログラムを見つけた後，1人の子どもが，正五角形のプログラムと比べて回転させる角度が2倍になっていることを見つけました。「だったら，同じように星型の六角形もできそう」と挑戦しますが，星型六角形は正

六角形の回転する角度を2倍にしてもうまくいきません。そこで子どもたちは，数学的な見方・考え方を働かせ，どんな星型ならプログラミングで作図できるのか，またどんな工夫をするとよいのか自ら発展させて考えます。

松瀬 仁

■一般化の考え方

■図形の関係への着目

KEYWORDS

2 授業のねらい

> 自分の意図した図形のプログラミングを，既習の正多角形のプログラミングを基に論理的に考える。

　この授業では，大きく2つの課題を考えました。1つ目は，正多角形のプログラミングを**一般化していく**ことです。**プログラムの中のどの部分が図形のどの部分と対応しているのかに着目**し，□を使った式にして表すことで，いろいろな正多角形に対応できるようにしていきます。そのために既習の正多角形のプログラムを黒板に並べて板書し，それぞれのプログラムに共通する点を考えていけるようにします。

　2つ目の課題は，正多角形で学習したことを基に，星型のプログラミングを考えていくことです。正五角形と星型五角形の比較や，星型五角形と星型六角形との比較など，**図形を比べて見ていくことで，違いや共通点などを見いだしていきます。**

　また，プログラミング教育では，学習指導要領でもあげられている通り，プログラムの書き方を覚えることが目的ではないので，本時でも，どこの数値を変えるとどのように図形が変わるのか，子どもたちが興味をもって取り組み，試行錯誤を通して，論理的に自分のつくりたい図形のプログラムを考えていけるよう取り組んでいきました。

3 問題

> 星型の図形をプログラミングでつくるには，どうしたらいいかな？

4 授業展開

　既習の正多角形のプログラムを振り返り，正多角形のプログラムを一般化していきます。

T 　正三角形や正方形，正六角形など，いろいろなプログラミングを考えたと思いますが，どのようなプログラミングをつくったか覚えていますか。

　子どもに，覚えている正多角形のプログラミングを発表させ，黒板に板書していきます。子どもたちには，1人1台のタブレットを用意し，あやふやな場合は本当に正多角形になるか確認していきます。

C 　正三角形は「5前に進む」と「120°左に回転」を3回繰り返す。

C 　正方形は「5前に進む」と「90°左に回転」を4回繰り返す。

T 　図形が変わるとどこが変わっていくのかな？

C 　繰り返しの回数と角度。

T 　では，正□角形のように□を使った場合でも，プログラムを考えることはできますか？

C 　繰り返しを「□回繰り返す」にしたらいい。

C 　角度は360/□（360÷□）にする。

T 　<u>どうして，そう思ったの？</u>

C これまでの正多角形が全部，「360÷角の数＝角度」になっています。

> **数学的な見方・考え方を働かせるための発問①**
> 「どうして？」と根拠を問うことで，複数の正多角形のプログラムから共通点を見つけて一般化につなげていることを意識させる。

　正多角形のプログラミングを一般化し，仕組みを押さえた後，星型の図形のプログラムを考えていきます。子どもに星型のイメージを聞いたところ，5つの頂点の星型をイメージしている子どもが多かったので，星型五角形としてプログラムを考えていくこととしました。

T 星型五角形もつくれそうですか？

C 角度がわかったらできそう。

C 正五角形の角が108°で，それを頂点にした二等辺三角形だから先の角度は36°になる。

C それだったらできる。

C 「5前に進む」と「144°左に回転」を5回繰り返したらできた。

C 「左に回転」を「右に回転」にすると，星の向きが上向きになる。

　繰り返しの回数や角度だけでなく，回転の向きにも目を向けて星型五角形を考えていきました。すると，1人の子どもから，気づいたことがあるという発言がありました。

C 角度が正五角形のときの2倍になっています。

T おもしろいことに気がついたね。

C だったら，他の場合もできそう。

T じゃあ，星型六角形の場合だとどうなるのかな？

C 正六角形の角度の60°を120°に変えたらできると思う。

C あれ？ でも実際にやってみたら正三角形になった…。

　正五角形と星型五角形を結びつけてきまりを見いだしたこと，他の図形でも当てはめてみようとしたことを価値づけていきます。しかし，星型六角形の場合は，思う通りにいかないので，その理由を探っていきます。

T **星型六角形と星型五角形ではどこが違うのかな？**

> **数学的な見方・考え方を働かせるための発問②**
> 　星型五角形と星型六角形との違いを問うことで，２つの図形を比較して見ることができ，着眼点を絞って考えられるようにしていく。

C 星型五角形は一筆書きで最初の場所まで戻ってこれるけど，星型六角形の場合，正三角形で最初の場所に戻ってきてしまうから一筆書きになっていない。

C だから正三角形を２周した形になっちゃう。

　実際には星型六角形も一筆書きで書くことはできますが，ここでは子どもから出てこなかったので，無理に扱いませんでした。

T 星型六角形はプログラミングでつくることは難しいね。

C 外側だけだったらできるんじゃないかな？

　外側だけなら一筆書きで書けるのでプログラミングができるという声が上がったので，考える時間をとります。

C できた！ 「2前に進む」「60°右に回転」「2前に進む」「120°左に回転」を6回繰り返すとできる。

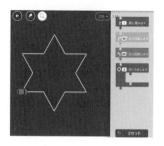

　繰り返しや回転する角度や向きを考えて，星型六角形を完成させることができました。

C きれい！
C だったら，星型五角形でも外側だけのものをつくりたい！

　こうして，子ども自ら課題を発展させて新しい課題へとつなげていきます。

C できた。「2前に進む」「54°右に回転」「2前に進む」「126°左に回転」を5回繰り返す。

C 違うのができた。「2前に進む」「72°右に回転」「2前に進む」「144°左に回転」を5回繰り返す。

　最後に2通りの星型ができたことで，大きな驚きのある授業になりました。

5 実践のまとめ

　星型のプログラミングを考えたいという課題は，子どもの意欲も高く，星型五角形で見つけたきまりを星型六角形に当てはめて考えたり，星型六角形で見つけたことを星型五角形に戻して考えてみたりするなど，統合と発展を自然に行いながら，自分たちで新しい課題を設定し考えていく姿が見られました。最後の星型五角形の違いについては次時の授業で取り上げ，どのような角度の組み合わせだと星型五角形ができるのかを考えていきました。

おわりに

　今年は，新型コロナウイルスの影響により，全国で休校措置がとられました。子どもたちの学力を低下させないように，私も，休校期間中の課題をプリントで配付したり，授業動画をつくって公開したりしていました。しかし，プリントではこれまでに学習してきたことの定着を図ることしかできず，授業動画は，予想される子どもの反応を基に進めることしかできませんでした。

　そのような中でも，6年生の「対称」の授業動画（折り紙を半分に折り，その半分に作図して，切って開き，様々な三角形や四角形をつくる内容）を見て，ある子から，次のようなメールが届きました。

　「平行四辺形は線対称ではないので，折り紙を半分にしてからつくることができない，とありました。でも，長方形やひし形，正方形は平行四辺形の一種なので，平行四辺形も一応できたことになるのではないでしょうか？」

　このメールをもらい，久しぶりにワクワクしました。それと同時に，「これが実際の授業中だったら…」と，悔しい気持ちにもなりました。

　また，別の子どもからは，ある条件のもと，コインを動かす最少回数を考える課題に対して，「3枚ずつのときは3回，4枚ずつのときは4回だったから，きっと5枚ずつだったら，最少5回でできるはず」というメールが届き，発展的に考える姿を想像して，うれしくなりました。

　授業中においても，このような一人ひとりの意見を，全体に共有することが大切であり，それが教師の役割だと感じます。「なぜ，そのように考えたの？」と振り返る発問をしたり，「この続きを考えてみよう」と投げかけたりすることで，数学的な見方・考え方が豊かになるわけです。今回，休校で授業ができない期間は，教師と子ども，子どもたち同士など，双方向のやりとりの大切さを見つめ直すよい時間となりました。より一層，子どもたちの数学的な見方・考え方を豊かにすることができるように，努力したいと思います。

山本　大貴

STAY HOME の中で，5年生に体積の学習として，「たて23cm，横16cm の方眼紙を材料にして，だれが一番大きな箱をつくれるかチャレンジしよう」という課題を出しました。できた箱の写真を送ってもらい，後日zoom を利用して，だれが一番大きな箱をつくったかを考える授業を行いました。

　いろいろな大きさの箱が出てくる中で，体積を計算していくと，「7cm，8cm，8cm」の直方体が最も大きくなることがわかりました。本来ならこれで課題は解決ですが，子どもたちがつくった箱に目を向けると，他にも方眼紙のあまりをわずか2cm²だけにした「22cm，8cm，1cm」の箱や，最大の立方体を考えた「7cm，7cm，7cm」の箱など，子どもがそれぞれの数学的な見方・考え方を働かせて大きな箱をつくろうと考えている姿が見えました。

　そこで，「大きな箱をつくろうとしたときに，どんなことを考えたのか」また「友だちの箱と大きさを比べてみてどんな発見があったか」について問い，グループで意見交換をしました。

　「最初は，なるべく紙があまらないようにつくろうとしたけど，平らな箱になってしまい，それより立方体に近い形にした方が大きくなることがわかった」という意見が出て，立方体を基に紙のあまりをうまく使うことで「7cm，8cm，8cm」の直方体を見つけられることがわかりました。着眼点や考え方を共有したことで，さらに「小数にしてよいならもっと大きいのができる」と「7.5cm，8cm，8cm」の直方体まで発展させて考える子どもも出てきました。

　数学的な見方・考え方を言語化し，共有していくことは，コロナ明けの新しい学習スタイルの中でも大切にしたいと思います。

　本書が，数学的な見方・考え方の指導に悩まれている先生方の一助となり，算数を考えることを楽しむ子どもを増やすきっかけとなればうれしいです。

　最後に本書の企画，編集を行ってくださった明治図書出版社の矢口郁雄さんに3人を代表し心より感謝の意を表します。

松瀬　　仁

2020年6月

【著者紹介】

加固　希支男（かこ　きしお）

東京学芸大学附属小金井小学校教諭。志の算数教育研究会所属。著書に『発想の源を問う』（東洋館出版社），『学級経営OVER35』（明治図書），『数学的な見方・考え方を働かせる算数授業』（明治図書）他。

山本　大貴（やまもと　ひろき）

暁星小学校教諭。志の算数教育研究会所属。著書に『子どもをアクティブにするしかけがわかる！　小学校算数「主体的・対話的で深い学び」30』（明治図書），『数学的な見方・考え方を働かせる算数授業』（明治図書）他。

松瀬　仁（まつせ　ひとし）

聖心女子学院初等科教諭。志の算数教育研究会所属。著書に『すぐに使える！　小学校算数　授業のネタ大事典』（明治図書），『数学的な見方・考え方を働かせる算数授業』（明治図書）他。

発問で見る
数学的な見方・考え方を働かせる算数授業　実践編

2020年9月初版第1刷刊　©著　者　加　固　希　支　男
　　　　　　　　　　　　　　　　　山　本　大　貴
　　　　　　　　　　　　　　　　　松　瀬　　　仁
　　　　　　　　　　　発行者　藤　原　光　政
　　　　　　　　　　　発行所　明治図書出版株式会社
　　　　　　　　　　　　　　　http://www.meijitosho.co.jp
　　　　　　　　　　　（企画）矢口郁雄（校正）大内奈々子
　　　　　　　　〒114-0023　東京都北区滝野川7-46-1
　　　　　　　　振替00160-5-151318　電話03(5907)6701
　　　　　　　　　　　　　ご注文窓口　電話03(5907)6668
＊検印省略　　　　　組版所　長野印刷商工株式会社

本書の無断コピーは，著作権・出版権にふれます。ご注意ください。

Printed in Japan　　　　　　　ISBN978-4-18-301640-9
もれなくクーポンがもらえる！読者アンケートはこちらから